全国商业职业教育教学指导委员会推荐教材

工业和信息化高职高专"十三五"规划教材

高等职业教育财经类**名师精品**规划教材

ENTERPRISE FINANCIAL ACCOUNTING
LEARNING GUIDANCE AND TRUE TRAINING

企业财务会计
学习指导与全真实训

陈强 主编
余茗敏 张丹丹 副主编

U0747399

人民邮电出版社
北 京

图书在版编目（CIP）数据

企业财务会计学习指导与全真实训 / 陈强主编. --
北京：人民邮电出版社，2019.2
高等职业教育财经类名师精品规划教材
ISBN 978-7-115-50659-7

Ⅰ. ①企… Ⅱ. ①陈… Ⅲ. ①企业管理－财务会计－
高等职业教育－教学参考资料 Ⅳ. ①F275.2

中国版本图书馆CIP数据核字(2019)第008442号

内 容 提 要

本书共 14 个项目，除项目一和项目十四外，每个项目的内容都包括收集名人事迹、主要参考法规、主要内容小结、业务处理总结和全真单项实训。本书还提供了随教学进度而展开的企业财务会计全真实训资料（附录）。这种与会计职业岗位能力培养相配套的全真单项实训的凭证凭据，方便了学生的实际演练。

本书既可作为高等职业教育"企业财务会计"课程的学习指导与实训教材，也可作为财会人员的岗位培训教材，还可作为财会工作者和经营管理人员的学习指导与全真实训用书。

◆ 主　编　陈　强
　　副主编　余茗敏　张丹丹
　　责任编辑　李育民
　　责任印制　焦志炜

◆ 人民邮电出版社出版发行　　北京市丰台区成寿寺路 11 号
　　邮编　100164　　电子邮件　315@ptpress.com.cn
　　网址　http://www.ptpress.com.cn
　　三河市君旺印务有限公司印刷

◆ 开本：787×1092　1/16
　　印张：15.5　　　　　　　　　2019 年 2 月第 1 版
　　字数：278 千字　　　　　　　2019 年 2 月河北第 1 次印刷

定价：42.00 元

读者服务热线：(010)81055256　印装质量热线：(010)81055316
反盗版热线：(010)81055315
广告经营许可证：京东工商广登字 20170147 号

前 言
Preface

　　本书与《企业财务会计（微课版）》（书号：978-7-115-49804-5）配套使用（《企业财务会计（微课版）》提供了 20 个动画视频），全书共 14 个项目。除项目一和项目十四外，每个项目的内容都包括收集名人事迹、主要参考法规、主要内容小结、业务处理总结和全真单项实训。本书还提供了随教学进度而展开的企业财务会计全真实训资料（附录）。这种渐进式的学习指导、归纳总结和全真实训，有助于实现以学生为本，"做中学、学中做"的理论与实践一体化的教学；有利于培养学生的自主学习能力、职业判断能力，满足学生应对未来实践、可持续发展的需要。

　　本书在编写过程中，得到了相关院校领导、相关企业高级会计师的大力支持，同时还借鉴了财务会计等方面的书籍、杂志的相关观点、会计法规辅导讲解资料及会计专业技术资格考试辅导用书等资料，编者在此一并表示感谢！

　　本书由浙江商业职业技术学院陈强教授任主编，浙江商业职业技术学院余茗敏会计师和浙江商业职业技术学院张丹丹会计任副主编。

　　由于编者水平有限，书中难免存在疏漏和不妥之处，敬请广大读者批评、指正。学生在学习"企业财务会计"课程中遇到的自主学习方法问题，教师在教授本课程中遇到的混合教学方法等问题，可通过以下邮箱沟通咨询：49806650@qq.com。

编　者
2019 年 1 月

目 录
Contents

项目一
财务会计基础

一、收集名人事迹

请收集一位为会计理论研究、会计实务、会计教育等方面做出杰出贡献，产生巨大影响，并在该领域被广泛认同的权威会计专家及其相关事迹。

二、主要参考法规

- 《中华人民共和国会计法》
- 《企业财务会计报告条例》
- 《会计基础工作规范》
- 《企业会计准则——基本准则》
- 《企业会计准则第 39 号——公允价值计量》
- 《企业会计准则第 30 号——财务报表列报（2014）》
- 《企业会计准则——应用指南》
- 《中小企业划型标准规定（工信部联企业〔2011〕300 号）》
- 《小企业会计准则》
- 《会计档案管理办法》

三、主要内容小结

财务会计是在市场经济体制下，建立在企业或其他主体范围内的，旨在向企业或主体外部提供以财务信息为主的一个经济系统。现代会计一般分为财务会计和管理会计两大领域，财务会计是现代会计的核心。财务会计主要侧重于向企业外部关系人提供企业的财务状况、经营成果和现金流量等信息，而管理会计则主要侧重于向企业内部管理者提供进行经营规划、经营管理、预测决策的相关信息。

对于财务会计学来说，一切实务都是在会计理论框架的指导下进行的。会计理论结构是指一定会计理论总体的构成及其相互之间的关系。会计理论是随着社会生产力的发展和经济管理的需要而不断发展、完善的，并反作用于指导社会生产和经济管理的实践活动。会计发展到现代，其理论逐步成熟，现在已形成了一套较为完整的会计理论体系和结构框架。一般认为，会计理论体系的结构应包括会计目标、会计假设、会计要素、会计原则和会计方法5个部分。财务会计的理论结构如图1-1所示。

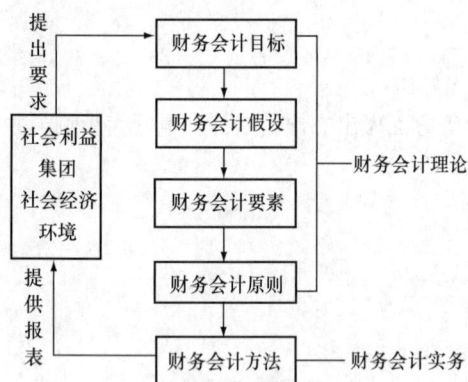

图 1-1　财务会计的理论结构

图1-1中的财务会计目标、财务会计假设和财务会计要素是属于同一层次的财务会计基础概念，而财务会计原则是在这些基础概念之上形成的规范概念，它是为了实现财务会计目标而对财务会计实务做出的约束和规范。财务会计实务在财务会计原则的约束和规范下，通过提供会计信息直接实现财务会计目标。由此可见，在整个理论结构体系中，目标起着导向作用。此外，我们还可以看到，无论是财务会计理论还是财务会计实务都必须适应社会各个利益集团对财务会计信息的需要，同时也必须适应社会经济环境的不断变化。

本项目内容理论性较强，是会计的基本理论部分，也是全书内容的导论和引言。对本项目的学习，能够为后面会计要素的确认、计量、记录和报告奠定理论基础。本项目内容对于刚开始接触会计的学生来说，理解起来稍有困难，学生可通过以后的学习慢慢予以消化。学生在学完本课程之后再回过头来体会本项目内容，特别是会计信息质量要求，就会有更加深入的理解。

财务会计，是以货币为主要计量单位，依据会计规范，运用若干普遍接受的会计惯例，通过确认、计量、记录和报告等程序，对企业或其他主体范围内大量的日常业务数据进行加工，把数据转换为有助于决策和合乎其他目标的有用信息，旨在向企业或其他外部主体提供以会计信息为主的经济信息系统。

财务报告目标在整个财务会计系统和企业会计准则体系中具有十分重要的地位，是构建会计确认、计量和报告原则并制定各项准则的基本出发点。财务报告目标具体是向财务会计报告使用者提供与企业财务状况、经营成果和现金流量等有关的会计信息，反映企业管理层受托责任的履行情况，有助于财务会计报告使用者做出经济决策。

会计基本假设，是企业会计确认、计量和报告的前提，是对会计核算所用的时间和所处的空间做出的合理设定。会计基本假设包括会计主体、持续经营、会计分期和货币计量4个方面。

会计信息质量要求，是对企业财务报告中所提供的会计信息质量的基本要求，是使财务报告中所提供的会计信息对使用者决策有用所应具备的基本特征，包括可靠性、相关性、可理解性、可比性、实质重于形式、重要性、谨慎性和及时性8个要求。

会计要素，是指按照交易或事项的经济特征所做的基本分类，分为反映企业财务状况的会计要素，如资产、负债和所有者权益，以及反映企业经营成果的会计要素，如收入、费用和利润。这是了解会计实务的一个非常重要的切入点。

　　财务会计规范，是会计人员正确处理工作所要遵循的行为标准，是指导和约束会计行为向合法化、合理化和有效化方向发展的目标。为了保证会计信息的真实性、完整性和可比性，目前我国通过各种法律、财经法规和制度、企业会计准则、会计制度等予以规范。

　　目前施行的 42 项企业会计准则，标志着我国构建了一套涵盖各类在中华人民共和国境内设立的企业（小企业除外）的各项经济业务、独立实施的会计准则体系，标志着适应我国市场经济发展要求，与国际惯例趋同的新企业会计准则体系得到正式建立，这是我国会计发展史上新的里程碑。本次改革的指导思想是：尽力趋同、允许差异和积极创新。

四、实训公司概况

　　浙江紫光喷涂设备有限责任公司为增值税一般纳税人，适用的增值税税率为 16%，所得税税率为 25%，有关情况如下。

　　该公司人员构成如表 1-1 所示。

表1-1　　　　　　　　　　浙江紫光喷涂设备有限责任公司人员构成表

董事长	欧阳紫光	行政经理	陈卫达
总经理兼销售经理	余伟林	财务经理	刘弢
采购经理	沈辉	会计	张欣
生产经理	郭剑	出纳	李研

开户银行：中国工商银行杭州钱江支行；

账　　号：1202023419100002998；

税务登记号：330166540057666；

联系电话：0571-80118666；

公司地址：浙江省杭州市滨文路 1202 号；

经营范围：喷涂设备、高低压电器等；

注册资金：12 000 000 元。

项目二
货币资金核算

一、收集名人事迹

请收集一位为会计理论研究、会计实务、会计教育等方面做出杰出贡献，产生巨大影响，并在该领域被广泛认同的权威会计专家及其相关事迹。

二、主要参考法规

■《中华人民共和国现金管理暂行条例》
■《人民币银行结算账户管理办法》
■《支付结算办法》
■《国内信用证结算办法》
■《中华人民共和国票据法》
■《票据管理实施办法》
■《银行卡业务管理办法》
■《企业会计准则——基本准则》
■《企业会计准则第 22 号（2017）——金融工具确认和计量》
■《企业内部控制应用指引第 6 号——资金活动》

三、主要内容小结

货币资金，是指企业在生产经营过程中直接以货币形态存在的那部分经营资金。根据货币资金的存放地点及其用途的不同，货币资金可分为现金、银行存款及其他货币资金。货币资金是流动性最强的一项资产，是流动资产的重要组成部分，并且是唯一能够直接转化为其他任何资产形态的流动资产，也是唯一能够代表企业现实购买水平的资产。

企业、事业单位在经济往来中的结算业务，直接用库存现金收付的叫现金结算。为了保障国家的现金流通秩序，维护金融安全，企业必须按照《现金管理暂行条例》在规定范围内使用现金。企业应设置"库存现金"科目分别进行企业库存现金的总分类核算和明细分类核算，核算和监督企业库存现金的收入、支出和结存情况。

银行存款，是指企业存放在银行或其他金融机构的那部分货币资金。单位银行结算账户按用途分为基本存款账户、一般存款账户、临时存款账户和专用存款账户。企业应严格按照国家有关支付结算办法的规定，正确地进行银行存款收支业务的结算。企业具体办理支付结算业务时，必须根据不同性质的款项收支，考虑结算金额的大小、结算距离的远近、利息支出和对方信用等因素进行综合分析，选择适当的支付结算办法，如银行汇票、商业汇票、银行本票、支票、信用卡及汇兑、托收承付、委托收款、信用证等，以缩短结算时间，减少结算资金占用，加强资金周转。企业应设置"银行存款"科目分别进行企业银行存款的总分类核算和明细分类核算，核算和监督企业银行存款的收入、支出和结存情况。为保证银行存款的安全与完整，要定期进行银行存款的清查。

其他货币资金，是指企业除库存现金、银行存款以外的其他各种货币资金，包括外埠存款、银行汇票存款、银行本票存款、信用卡存款、信用证保证金存款和支出投资款等。企业应设置"其他货币资金"科目核算和监督其他货币资金的增减变化和结存情况。

四、业务处理总结

请填写表 2-1 和表 2-2，对银行结算方式及其他货币资金业务的账务处理进行总结。

表2-1   银行结算方式比较

结算方式	单位使用 / 个人使用	同城 / 异地	特点	分类	会计核算使用科目
银行汇票					
商业汇票					
银行本票					
支票					
汇兑					
委托收款					

续表

结算方式	单位使用 / 个人使用	同城 / 异地	特点	分类	会计核算 使用科目
托收承付					
信用卡					
信用证					
网上支付					
备注					

表2-2　　　　　　　　　　　　　　　其他货币资金业务的账务处理

业务内容	账务处理
办理或开立	
收到发票账单	
收到多余退款	
备注	

五、全真单项实训

1. 具体要求

（1）设置现金日记账、银行存款日记账，登记期初余额。

（2）设置现金总账、银行存款总账，登记期初余额。

（3）根据经济业务填制有关的结算凭证。

（4）根据实训资料中的原始单据填制记账凭证，并将原始单据附于后面。

（5）根据记账凭证及原始单据逐日逐笔登记现金日记账和银行存款日记账，按日结出日记账余额，月末结账；根据记账凭证登记总账。

（6）将银行存款日记账和银行对账单进行核对，编制银行存款余额调节表。

2．文字资料

2019 年 3 月，浙江紫光喷涂设备有限责任公司银行存款期初余额为 2 458 600 元，库存现金期初余额为 3 100 元。2019 年 3 月公司发生下列相关经济业务。

（1）3 日，开出现金支票，从银行提取现金 20 000 元。

（2）4 日，采购员张杰出差到天津购买材料，预借差旅费 4 000 元，以现金支付。

（3）7 日，采购员张杰向天津金凡物资有限公司（开户行名称：中国工商银行天津和平支行，账号：2001256609007437976）购买材料，通过银行电汇支付材料款共 91 200 元，其中材料价款 80 000 元，增值税 12 800 元。材料尚未收到。

（4）9 日，厂部管理人员陈海参加市内业务会议，报销交通费 90 元。

（5）10 日，向中国工商银行申请银行汇票，收款人为江苏省科洋温度仪表有限公司，金额 81 200 元。

（6）14 日，从杭州前进文化用品公司购买办公用品 960 元，用现金支付。

（7）15 日，开出转账支票 348 900 元，委托银行代发职工工资。

（8）17 日，银行转来委托收款结算收款通知，收到宁波正大厨房设备公司支付的货款 118 600 元，其中价款 100 000 元，增值税 16 000 元，代垫运费 2 600 元。

（宁波正大厨房设备公司开户行名称：中国工商银行宁波鼓楼支行，账号：13010001112001 00180，地址：宁波海曙区中山西路 869 号，电话：0574-81653700。）

（9）18 日，开出转账支票一张，支付杭州百高广告公司印刷费 5 800 元。

（10）19 日，采购员李林持银行汇票采购材料，材料价格为 70 000 元，增值税 11 200 元。材料已入库。

（11）20 日，采购员张杰报销差旅费 3 700 元，余款退回。

（12）27 日，银行转来同城委托收款凭证（一户通），支付电费 82 968.85 元。

（13）28 日，公司收到杭州新新防盗设备有限公司开出的转账支票一张支付采购货款 168 200 元，出纳李研持支票到银行办理了进账手续。

（杭州新新防盗设备有限公司开户行名称：中国工商银行城北支行，账号：12020201099 00031886，地址：杭州市拱墅区香积寺路 756 号，电话：0571-80155252。）

（14）31 日，盘点现金，发现现金短缺。

（15）4 月 2 日，到银行打印对账单（3 月 31 日 6 250 元为支付电话费；3 月 21 日 2 369.77 元为一季度收银行结息）。

3．原始单据

原始单据见附录中凭证 2-1～凭证 2-15。

项目三
应收款项核算

一、收集名人事迹

请收集一位为会计理论研究、会计实务、会计教育等方面做出杰出贡献，产生巨大影响，并在该领域被广泛认同的权威会计专家及其相关事迹。

二、主要参考法规

■《中华人民共和国现金管理暂行条例》
■《人民币银行结算账户管理办法》
■《支付结算办法》
■《国内信用证结算办法》
■《中华人民共和国票据法》
■《票据管理实施办法》
■《银行卡业务管理办法》
■《企业会计准则——基本准则》
■《企业会计准则第 22 号（2017）——金融工具确认和计量》
■《企业内部控制应用指引第 6 号——资金活动》

三、主要内容小结

应收及预付款项，主要是指企业在生产经营过程中发生的各项债权，包括应收款项和预付款项。应收款项包括应收票据、应收账款和其他应收款等；预付款项是指企业按照合同规定预付的款项等。由于应收款项具有应收而未收的特点，因此，企业必须加强对应收款项的管理，根据企业的业务情况，严格控制应收账款的限额和回收的时间，采取有效措施，组织催收，避免企业的资金被其他单位长期占用，以提高资金的使用效率。

应收票据，是指企业持有的、尚未到期兑现的商业票据。企业应设置"应收票据"科目，核算和监督企业应收票据的发生和到期收回等情况。

应收账款，是指企业因销售商品、提供劳务等业务，应向购货单位或接受劳务的单位收取的款项，主要包括企业销售商品或提供劳务等应向有关债务人收取的价款、增值税款及代购货单位垫付的包装费、运杂费等。企业应设置"应收账款"科目，核算和监督企业应收账款的发生和收回等情况。

预付账款，是指企业按照有关合同，预先支付给供货方（包括提供劳务者）的款项，如预付的材料货款、商品采购货款等。企业应设置"预付账款"科目核算企业按照购货合同规定预付给供应单位的款项及结算情况。

其他应收款，是指除应收账款、应收票据、预付账款等以外的其他各种应收、暂付款项。企业应设置"其他应收款"科目核算其他应收款项的发生和结算情况。企业将其按照销售商品、提供劳务的销售合同所产生的应收债权出售给银行等金融机构，在进行会计核算时，应按照实质重于形式的原则，充分考虑交易的经济实质。对于有明确的证据表明有关交易事项满足销售确认条件的，如与应收债权有关的风险和报酬实质上已经发生转移等，应按照出售应收债权处理，并确认相关损益；否则，应按照以应收债权为质押取得借款进行会计处理。

企业应当在资产负债表日对应收款项的账面价值进行检查，有客观证据表明该应收款项发生减值的，应当将该应收款项的账面价值减记至预计未来现金流量现值，减记的金额确认为信用减值损失，计提坏账准备。

四、业务处理总结

请填写表 3-1 至表 3-4，对应收票据业务的账务处理、应收账款业务的账务处理、应付账款业务的账务处理及应收款项减值业务的账务处理进行总结。

表3-1　　　　　　　　　　　　　　　　应收票据业务的账务处理

业务内容	账务处理（以不带息应收票据为例）
取得应收票据	
到期应收票据	
转让应收票据	

续表

业务内容			账务处理（以不带息应收票据为例）
贴现应收票据	银行不拥有追索权		
	银行拥有追索权	贴现	
		承兑人按期支付	
		承兑人无力支付	
	备注		应收票据贴现计算： 贴现息 = 贴现所得 =

表3-2　　　　　　　　　　　　　　　应收账款业务的账务处理

业务内容	账务处理
发生应收账款	
收回应收账款	

表3-3   预付账款业务的账务处理

业务内容	账务处理
预付货款	
收到预定物资	
结清款项	

表3-4   应收款项减值业务的账务处理

业务内容	账务处理
计提坏账准备	
坏账损失确认	
已确认并转销的坏账损失又重新收回	
备注	应收款项减值损失估计方法：

五、全真单项实训

1．具体要求

（1）设置应收账款、其他应收款、坏账准备总账及明细账，登记期初余额。

（2）根据经济业务填制有关的原始凭证。

（3）根据实训资料中的原始凭证填制记账凭证，并将原始单据附于后面。

（4）根据应收账款、其他应收款期末余额，月末计提坏账准备，并编制记账凭证。

（5）根据记账凭证及原始凭证登记应收账款、其他应收款、坏账准备明细账；根据记账凭证登记应收账款、其他应收款、坏账准备总账。

（6）月末，核对总账、明细账金额是否一致，如不一致，需查找原因，进行更正。

2．文字资料

浙江紫光喷涂设备有限责任公司坏账准备计提方法为余额百分比法，按期末应收款项余额的

5%估计应收款项减值损失，计提减值准备。2019年4月1日浙江紫光喷涂设备有限责任公司有关账户余额资料如表3-5所示。

表3-5 账户余额表 单位：元

账　户	借/贷	月初余额
应收账款	借	370 500
应收账款——杭州新新防盗设备有限公司	借	95 000
应收账款——宁波正大厨房设备公司	借	125 000
应收账款——迅发机电有限公司	借	25 500
应收账款——深圳来宝柜业有限公司	借	125 000
其他应收款	借	37 500
其他应收款——圆通汽车租赁公司	借	30 000
其他应收款——备用金	借	5 000
其他应收款——李悦悦	借	2 500
坏账准备	贷	20 400
坏账准备——应收账款	贷	18 525
坏账准备——其他应收款	贷	1 875

2019年4月浙江紫光喷涂设备有限责任公司发生下列相关经济业务。

（1）3日，向深圳来宝柜业有限公司销售产品一批，价款80 000元，增值税12 800元，采用托收承付结算方式结算，产品发运时，以转账支票向运输公司支付代垫运费3 000元，已向银行办妥托收手续。

（2）4日，上月应收宁波正大厨房设备公司货款75 000元，经协商改用商业汇票结算。已收到宁波正大厨房设备公司交来的一张2019年4月1日签发、2019年9月30日到期的为期6个月的商业承兑汇票，票面价值为75 000元。

（3）7日，向杭州新新防盗设备有限公司销售产品一批，价款100 000元，增值税为16 000元，付款条件为2/10，1/20，n/30。

（4）15日，收到银行通知，4月3日销售给深圳来宝柜业有限公司的货款已收妥入账。

（5）16日，杭州新新防盗设备有限公司交来转账支票一张，支付4月7日采购货款，出纳李研持支票到银行办理了进账手续。

（6）22日，向杭州众利电子有限公司采购材料，开出转账支票一张，预付材料款50 000元。

（7）28日，收到杭州众利电子有限公司材料及有关结算单据，材料价款为54 000元，增值税为8 640元，材料尚未收到。同时开出转账支票一张，补付材料款12 640元。

（8）28日，公司向圆通汽车租赁公司租入小汽车两辆，以汇兑方式向出租方支付押金20 000元。

（9）30日，核销应收迅发机电有限公司货款25 500元。

（10）30日，根据公司坏账准备计提政策计提坏账准备。

3．原始单据

原始单据见附录中凭证3-1～凭证3-10。

项目四
存货核算

一、收集名人事迹

请收集一位为会计理论研究、会计实务、会计教育等方面做出杰出贡献，产生巨大影响，并在该领域被广泛认同的权威会计专家及其相关事迹。

二、主要参考法规

■《企业会计准则——基本准则》
■《企业会计准则第 1 号——存货》
■《企业会计准则——应用指南》
■《企业内部控制应用指引第 7 号——采购业务》
■《企业内部控制应用指引第 8 号——资产管理》

三、主要内容小结

存货，是指企业在日常活动中持有以备出售的产成品或商品，处在生产过程中的在产品，在生产过程或提供劳务过程中耗用的材料和物料等。存货只有在符合存货定义，并同时满足以下两个条件时，才能加以确认：一是该存货包含的经济利益很可能流入企业；二是该存货的成本能够可靠地计量。存货在企业的不同生产过程和阶段中具有不同的实物形态。

各种存货应当以其成本进行初始计量。企业可以通过外购、自制半成品、委托加工物资、接受投资、接受捐赠、非货币性资产交换、债务重组等不同的方式取得存货，不同存货的成本构成内容不同。原材料、商品、低值易耗品等通过购买而取得的存货的成本由采购成本构成；产成品、在产品、半成品、委托加工物资等通过进一步加工而取得的存货的成本由采购成本、加工成本及使存货达到目前场所和状态所发生的其他成本构成。

企业存货的日常核算，可以采用实际成本计价或计划成本计价。即使在同一个企业，对于不同存货，也可以分别采用实际成本计价和计划成本计价两种计价方法进行日常核算，这都取决于企业的实际需要。

存货按实际成本计价，企业主要设置"原材料""在途物资""应付账款""预付账款""应交税费——应交增值税（进项税额）"等科目进行存货取得、发出和结存的日常核算。

存货按计划成本计价，企业主要设置"原材料""材料采购""材料成本差异""应付账款""预付账款""应交税费——应交增值税（进项税额）"等科目进行存货取得、发出和结存的日常核算。

商品流通企业的库存商品可以采用毛利率法和售价金额核算法进行日常核算。毛利率法，是指根据本期销售净额乘以前期实际（或本月计划）毛利率计算本期销售毛利，并计算发出存货成本的一种方法。售价金额核算法也称售价金额核算制，是指对库存商品按售价和实物进行核算和监督的一种核算方法和管理制度。

对于存货的盘盈、盘亏和毁损，企业应及时填写有关存货盘点报告单，及时查明原因，按照规定程序报批处理。盘盈的存货报经有关部门批准后，可冲减管理费用。盘亏的存货报经有关部门批准后，再根据造成盘亏和毁损的原因，具体问题具体分析，做出相应的处理。定额内的盘亏应增加费用；由责任事故造成的损失，应由过失人负责赔偿；因非常事故，如自然灾害等不可抗力因素而导致的非常损失，在扣除保险公司赔款和残料价值后，经批准应计入"营业外支出——非常损失"科目。

企业应在每一个资产负债表日，比较存货成本与可变现净值，当成本低于可变现净值时，不需要做账务处理，资产负债表中的存货仍按期末账面价值列示；当可变现净值低于成本时，计算出应计提的存货跌价准备，再与已提数进行比较，若应提数大于已提数，应予补提。企业计提的存货跌价准备应计入当期损益（资产减值损失）。

四、业务处理总结

请填写表4-1至表4-5，对原材料按实际成本计价业务的账务处理、原材料按计划成本计价业务的账务处理、包装物发出业务的账务处理、存货盘点业务的账务处理及存货减值业务的账务处理进行总结。

表4-1 原材料按实际成本计价业务的账务处理

业务内容		账务处理
外购	单货同到	
	单到货未到	单到：
		货到：

业务内容		账务处理
外购	货到单未到	
发出	计价方法	
	账务处理	

表4-2 　　　　　　　　　　　　　　　原材料按计划成本计价业务的账务处理

业务内容		账务处理
外购	单货同到	
	单到货未到	单到：
		货到：
	货到单未到	
发出	计算发出材料应负担的成本差异	材料成本差异率 = 发出材料应负担的成本差异 = 发出材料的实际成本 = 结存材料应负担的成本差异 = 结存材料的实际成本 =

续表

业务内容		账务处理
发出	账务处理	

表4-3 包装物发出业务的账务处理

包装物用途		账务处理
生产领用		
随同商品出售	不单独计价	
	单独计价	
出租包装物	没收押金	
	加收押金逾期未退	
出借包装物		

表4-4 存货盘点业务的账务处理

状态	盘盈	盘亏
批准前		
批准后		

表4-5 存货减值业务的账务处理

业务内容	账务处理
存货跌价准备的计提	
存货跌价准备的转回	
存货跌价准备的结转	

备注：直接用于出售存货可变现净值的确定

无销售合同：

有销售合同：

需要经过加工存货可变现净值的确定

第一步：

第二步：

第三步：

五、全真单项实训

1．具体要求

（1）设置"原材料——原料及主要材料""原材料——辅助材料""在途物资——原料及主要材料""在途物资——辅助材料"二级明细账和三级明细账，登记期初余额。

（2）根据经济业务填制有关原始凭证。

（3）根据实训资料中的原始凭证填制记账凭证，并将原始单据附丁后面。

（4）根据记账凭证及原始凭证登记"原材料""在途物资"二级明细账和三级明细账。

（5）月末，核对"原材料""在途物资"二级明细账和三级明细账期末余额，如不一致，查找原因，进行更正。

2．文字资料

浙江紫光喷涂设备有限责任公司对原材料采用实际成本法核算，发出材料成本采用月末一次加权平均法。2019年5月1日公司有关账户余额资料如表4-6所示。

表4-6 账户余额表 单位：元

总账账户	二级明细	三级明细	数量	单价	余额
原材料	原料及主要材料	冷轧钢	50 吨	4 200	210 000
原材料	原料及主要材料	镀锌板	100 吨	4 400	440 000
原材料	原料及主要材料	超细玻璃棉	60 吨	5 400	324 000
原材料	原料及主要材料	离心风机	50 台	1 100	55 000
在途物资	原料及主要材料	冷轧钢	40 吨	4 100	164 000
在途物资	原料及主要材料	超细玻璃棉	30 吨	5 500	165 000
原材料	辅助材料	温控表	120 支	220	26 400
原材料	辅助材料	传感器	200 支	55	11 000
原材料	辅助材料	调压阀	350 只	60	21 000
原材料	辅助材料	烘箱铰链	260 付	40	10 400
在途物资	辅助材料	传感器	300 支	55	16 500
应付票据	银行承兑汇票	天津久久阀门有限公司			24 000
应付账款	江苏化工轻工民爆有限公司				54 000
应付账款	深圳荣科机电有限公司				22 000
应付账款	远大钢铁贸易有限公司				42 000
应付账款	暂估				10 000

2019 年 5 月公司发生下列经济业务。

（1）1 日，将上月月末已收到材料但尚未收到发票的暂估款 10 000 元冲回，采购材料为轴流风机，数量 50 台，供应商为杭州志强机电有限公司。

（2）5 日，收到上月向杭州志强机电有限公司采购的已入库的 50 台轴流风机的增值税专用发票，单价 200 元 / 台，增值税 1 600 元。

（3）7 日，向杭州新辰热电偶公司购入传感器 400 支，单价 55 元 / 支，增值税 3 520 元。付款条件为 2/10，1/20，n/30，已验收入库（假设按结算金额的总额计算折扣）。

（4）7 日，上月向杭州新辰热电偶公司采购的 300 支传感器验收入库。

（5）9 日，上月向远大钢铁贸易有限公司购入的 40 吨冷轧钢验收入库。

（6）14 日，收到上月向江苏化工轻工民爆有限公司购入的 30 吨超细玻璃棉，并验收入库。

（7）15 日，向深圳荣科机电有限公司购入温控表 200 支，单价 220 元 / 支，增值税 7 040 元。同时收到货物运输业增值税专用发票，深圳荣科机电有限公司代垫运费 550 元，增值税 55 元。

（8）16 日，开出转账支票一张，向杭州新辰热电偶公司支付 5 月 7 日购入材料的款项。

（9）19 日，收到 5 月 15 日向深圳荣科机电有限公司采购的温控表 200 支，并验收入库。

（10）20 日，向上海力源风机有限公司购入离心风机 40 台，单价 1 150 元 / 台，增值税 7 360 元，同时收到货物运输业增值税专用发票，上海力源风机有限公司代垫运费 750 元，增值税 75 元。通过电汇方式支付款项，材料尚未收到。

（11）21 日，向浙江顺达物资有限公司购入 30 吨镀锌板，单价 4 350 元 / 吨，增值税 20 880 元，款项尚未支付，材料验收入库。

（12）24 日，收到 20 日向上海力源风机有限公司购入的离心风机，并验收入库。

（13）25 日，公司预计镀锌板价格将上涨，向浙江顺达物资有限公司购入镀锌板 150 吨，单价 4 200 元 / 吨，增值税 100 800 元。签发转账支票支付货款及增值税款。

（14）26 日，通过网上银行转账支付深圳荣科机电有限公司 5 月 15 日的材料采购款。

（15）26 日，收到向萧山荣发机电有限公司采购的 300 副烘箱铰链，已验收入库。有关结算凭证尚未收到。

（16）28 日向天津久久阀门有限公司购入调压阀，数量 800 只，单价 60 元 / 只，增值税 7 680 元，签发了一张 3 个月到期的银行承兑汇票，材料尚未收到。

（17）31 日，暂估应付萧山荣发机电有限公司货款，以暂估价做会计分录。

（18）31 日，汇总原料及主要材料、辅助材料领用单，编制发料凭证汇总表，并对本月领料业务进行账务处理。

3．原始单据

原始单据见附录中凭证 4-1～凭证 4-16。

项目五
金融资产核算

一、收集名人事迹

请收集一位为会计理论研究、会计实务、会计教育等方面做出杰出贡献，产生巨大影响，并在该领域被广泛认同的权威会计专家及其相关事迹。

二、主要参考法规

■《企业会计准则——基本准则》
■《企业会计准则第 22 号（2017）——金融工具确认和计量》
■《企业会计准则第 39 号——公允价值计量》
■《企业会计准则——应用指南》
■《企业内部控制应用指引第 6 号——资金活动》

三、主要内容小结

金融资产有广义和狭义之分。广义的金融资产，是指资产负债表中除了实物资产和无形资产之外的资产，具体包括库存现金、应收账款、应收票据、贷款、垫款、其他应收款、应收利息、债权投资、股权投资、基金投资、衍生金融资产等。狭义的金融资产，是指《企业会计准则第 22 号——金融工具确认和计量》中所规范的金融资产。企业应当结合自身的业务特点、投资策略和风险管理要求，将取得的金融资产在初始确认时划分为以下几类：①以公允价值计量且其变动计入当期损益的金融资产（包括交易性金融资产和指定为以公允价值计量且其变动计入当期损益的金融资产）；②债权投资；③贷款和应收款项（在活跃市场中没有报价、回收金额固定或可确定的非衍生金融资产，主要是指不限于金融企业发放的贷款和其他债权）；④其他债券投资／其他权益工具投资。划分为第1类的金融资产不可重分类为其他3类，其他3类也不可重分类为第1类，只有第2类和第4类在特定条件下可重分类。除遇到一些特殊无法控制的情况外，企业将债权投资在到期前处置或重分类的，应将剩余债权投资全部重分类为其他债券投资／其他权益工具投资，并在两年内不得再将金融资产分类为持有至到期投资。

交易性金融资产，主要是指企业为了在近期出售而持有的金融资产。通常企业以赚取差价为目的从二级市场购入的股票投资、债券投资和基金投资等，应当分类为交易性金融资产。企业取得交易性金融资产时，应按公允价值计量。取得交易性金融资产所支付的价款中包含的已宣告但尚未发放的现金股利，或已到付息期但尚未领取的债券利息，应当单独确认为应收项目。取得交易性金融资产所发生的相关交易费用应当直接计入当期损益。企业在持有交易性金融资产期间，对于被投资单位宣告发放的现金股利或企业在资产负债表日按分期付息、一次还本债券投资的票面利率计算的利息收入，应当确认为投资收益。资产负债表日，交易性金融资产应当按照公允价值计量，公允价值与账面余额之间的差额计入"交易性金融资产——公允价值变动"科目。企业出售交易性金融资产时，应当将该金融资产出售时的公允价值与其初始入账价值金额之间的差额确认为投资收益，同时调整公允价值变动损益。

债权投资，是指到期日固定，回收金额固定或可确定，且企业有明确意图和能力持有至到期的非衍生金融资产。企业在将金融资产划分为持有至到期投资时，应当注意把握其特征。持有至到期投资初始确认时，应当以公允价值和相关交易费用之和作为初始入账金额。企业应当按实际利率法，根据摊余成本对债权投资进行后续计量。企业处置债权投资时，应将所取得的价款与债权投资账面价值之间的差额，计入当期损益。企业对于债权投资应于资产负债表日进行减值测试。债权投资以摊余成本后续计量，当发生减值时，应当将该金融资产的账面价值减记至预计未来现金流量（不包括尚未发生的未来信用损失）现值，减记的金额确认为信用减值损失，计入当期损益。

其他债权投资和其他权益工具投资，企业购入的在活跃市场上有报价的股票、债券和基金等，没有划分为交易性金融资产、债权投资等金融资产的，可确认为其他债权投资和其他权益工具投资。相对于交易性金融资产而言，其他债权投资和其他权益工具投资的持有意图不明确。其他债权投资业务的处理原则与债权投资业务的处理原则类似，其他权益工具投资业务的处理与长期股权投资的成本法类似。但其他权益工具投资，除了获得的股利，计入当期损益外，其他相关的利得和损失均应当计入其他综合收益，且后续不得转入当期损益。当金融资产终止确认时，之前计入其他综合收益的累计利得或损失应当把其他综合收益反向转到留存收益。

四、业务处理总结

请填写表5-1至表5-4，对交易性金融资产业务的账务处理、债权投资业务的账务处理、其他债权投资业务的账务处理及其他权益工具投资业务的账务处理进行总结。

表5-1　　　　　　　　　　　　　　交易性金融资产业务的账务处理

业务内容	账务处理
核算范围	
科目设置	

业务内容		账务处理
交易性金融资产的取得		
持有期间	被投资方宣告发放股利或利息	
	收到股利或利息	
	公允价值变动	
交易性金融资产的处置		

表5-2 债权投资业务的账务处理

业务内容		账务处理
核算范围		
科目设置		
债权投资的取得		
持有期间	计提利息收益	
	收到利息	
	减值	注：减值计提后，后续利息收益＝新的本金 × 新利率 债权投资减值后可以恢复但不得超过已提减值准备数。
债权投资的到期		

续表

业务内容	账务处理
备注	实际利率法在会计实务中的应用范围极其广泛，其主要目的是为了更加客观地反映金融资产或金融负债的账面价值，切实提高会计信息的可靠性和相关性 计算步骤如下（以分期收息为例）： 第1步，"应收利息"＝债券面值 × 票面利率 第2步，"投资收益"＝债权投资的摊余价值（账面价值，用 T 型账户计算获得）× 实际利率 第3步，"债权投资——利息调整"＝实际利息－应收利息 最后一年计算步骤如下： 第1步，"应收利息"＝债券面值 × 票面利率 第2步，"债权投资——利息调整"＝实际利息－应收利息（倒挤） 第3步，"投资收益"＝"应收利息"和债权投资——利息调整"的差额（倒挤）

表5-3   其他债权投资业务的账务处理

业务内容		账务处理
核算范围		
科目设置		
其他债权投资的取得		
持有期间	计提利息	
	收到利息	
	期末公允价值波动	
其他债权投资到期		

表5-4   其他权益工具投资业务的账务处理

业务内容	账务处理
核算范围	
科目设置	
其他权益工具投资的取得	

续表

业务内容		账务处理
持有期间	被投资方宣告分红	
	收到股利	
	期末公允价值波动	
其他权益工具投资的处置		

五、全真单项实训

1．具体要求

（1）根据经济业务资料计算交易性金融资产公允价值变动损益。

（2）根据经济业务填制有关原始凭证。

（3）根据实训资料中的原始凭证填制记账凭证，并将原始单据附于后面。

2．文字资料

浙江紫光喷涂设备有限责任公司为了提高闲置资金的收益率，利用闲置资金，以赚取差价为目的从二级市场上购买股票。浙江紫光喷涂设备有限责任公司在杭州财通证券开设了资金账户，申请开通网上交易。股票交易税费包括印花税（只对出让方征收）和佣金。印花税为成交金额的1‰，佣金按成交金额的0.5‰收取（最低5元）。为了简化核算，公司在每年的6月30日和12月31日对交易性金融资产的公允价值进行调整。2019年，浙江紫光喷涂设备有限责仟公司交易性金融资产的有关业务如下。

（1）3月10日，从工商银行基本户中向证券资金账户划入500 000元。

（2）3月14日，购入浦发银行股票45 000股，并准备随时变现，每股买价8.80元，同时支付相关税费198元。

（3）5月26日，浦发银行宣告发放现金股利，每10股派6.60元现金股利（税后）。

（4）5月27日，购入浦发银行股票10 000股，并准备随时变现，每股买价9.40元（含已宣告未发放的股利），同时支付相关税费47元。

（5）6月30日，浦发银行股票收盘价为每股9.10元。

（6）7月15日，收到浦发银行的现金股利。

（7）10月20日，以每股10.50元的价格转让30 000股浦发银行股票，同时支付相关税费472.50元。

（8）12月31日，当天浦发银行股票收盘价为每股10.20元。

3．原始单据

原始单据见附录中凭证5-1～凭证5-8。

项目六
长期股权投资核算

一、收集名人事迹

请收集一位为会计理论研究、会计实务、会计教育等方面做出杰出贡献，产生巨大影响，并在该领域被广泛认同的权威会计专家及其相关事迹。

二、主要参考法规

■《企业会计准则——基本准则》

■《企业会计准则第 2 号——长期股权投资（2014）》

■《企业会计准则第 40 号——合营安排》

■《企业会计准则第 41 号——在其他主体中权益的披露》

■《企业会计准则第 8 号——资产减值》

■《企业会计准则——应用指南》

■《企业内部控制应用指引第 6 号——资金活动》

三、主要内容小结

长期股权投资，是指企业通过投资取得被投资单位的股权，作为被投资单位的股东，投资者按所持股份比例享有权利并承担责任的一项非流动资产。《企业会计准则——长期股权投资》所指的长期股权投资主要包括以下几个方面：①投资企业能够对被投资单位实施控制的权益性投资，即对子公司投资；②投资企业与其他合营方一同对被投资单位实施共同控制的权益性投资，即对合营企业投资；③投资企业对被投资单位具有重大影响的权益性投资，即对联营企业投资。

除企业合并形成的长期股权投资以外，以支付现金取得的长期股权投资，应当以实际支付的购买价款作为初始投资成本，包括购买过程中支付的手续费等必要支出，但支付价款中所包含的被投资单位已宣告但尚未发放的现金股利或利润应作为应收项目核算，不构成取得长期股权投资的成本。长期股权投资应当按不同情况分别采用成本法和权益法进行核算。

成本法，是指长期股权投资按投资成本计价核算的方法。采用成本法核算的长期股权投资初始投资或追加投资时，按照初始投资或追加投资的成本增加长期股权投资的账面价值。投资以后被投资单位宣告分派的现金股利或利润应当确认为当期投资收益。

权益法，是指投资以初始成本计量后，在投资持有期间根据投资企业享有被投资单位所有者权益份额的变动对投资账面价值进行调整的方法。企业应设置"长期股权投资"科目，并在该科目下设置"成本""损益调整""其他综合收益""其他资本公积"等明细科目，核算权益法下长期股权投资取得、持有和处置等情况。

采用权益法核算的长期股权投资取得投资时，投资成本与应享有被投资单位可辨认净资产公允价值份额的差额，应区别情况分别处理。

采用权益法核算的长期股权投资持有期间，应当按照应享有或应分担的被投资单位实现的净损益的份额，确认投资损益并调整长期股权投资的账面价值，计入"长期股权投资——损益调整"科目。被投资单位在宣告发放现金股利或利润时，投资企业计算应分得的部分，并冲减"长期股权投资——损益调整"科目。持有期间被投资单位实现的其他综合收益，企业按照持股比例计算应享有或承担的部分，调整长期股权投资的账面价值，计入"长期股权投资——其他综合收益"科目，同时计入所有者权益"其他综合收益"科目；持有期间被投资单位除净损益、其他综合收益和利润分配以外所有者权益的其他变动，在持股比例不变的情况下，企业按照持股比例计算应享有或承担的部分，调整长期股权投资的账面价值，计入"长期股权投资——其他权益变动"科目，同时计入所有者权益"资本公积——其他资本公积"科目。

如果在资产负债表日，长期股权投资存在减值迹象的，应当按照相关准则的规定计提减值准备。长期股权投资的减值准备一经提取，在以后会计期间均不允许转回。

企业在处置长期股权投资时，应相应结转所售股份相对应的长期股权投资的账面价值，出售所得价款与处置长期股权投资账面价值之间的差额，应确认为处置损益。已计提减值准备的，还应同时结转减值准备。采用权益法核算的长期股权投资，同时还应结转原计入"其他综合收益""资本公积"科目的相关金额。

四、业务处理总结

请填写表 6-1 和表 6-2，对成本法下长期股权投资业务的账务处理及权益法下长期股权投资业务的账务处理进行总结。

表6-1 成本法下长期股权投资业务的账务处理

业务内容	账务处理
核算范围	
以支付现金取得的长期股权投资初始投资成本的确定	

业务内容		账务处理
	科目设置	
	核算特点	
	长期股权投资的取得	
持有期间	被投资单位实现利润或发生亏损	
	被投资单位宣告分派的利润或现金股利	
	被投资单位所有者权益的其他变动	
	长期股权投资减值	
	长期股权投资的处置	

表6-2 权益法下长期股权投资业务的账务处理

业务内容	账务处理
核算范围	
以支付现金取得的长期股权投资初始投资成本的确定	
科目设置	
核算特点	

业务内容		账务处理
长期股权投资的取得		
持有期间	被投资单位实现利润或发生亏损	
	被投资单位宣告分派的利润或现金股利	
	应享有或分担被投资单位实现其他综合收益的份额	
持有期间	被投资单位所有者权益的其他变动	
	长期股权投资减值	
长期股权投资的处置		

五、全真单项实训

1．具体要求

（1）根据经济业务资料计算长期股权投资入账价值和投资收益。

（2）根据经济业务填制有关原始凭证。

（3）根据实训资料中的原始凭证填制记账凭证，并将原始单据附于后面。

2．文字资料

根据《企业会计准则——长期股权投资》的规定，浙江紫光喷涂设备有限责任公司对子公司的投资采用成本法核算；对具有共同控制和重大影响的公司的投资采用权益法核算。2019～2021年长期股权投资业务有关资料如下。

（1）2019年1月3日，对浙江汇丰控股有限公司（以下简称汇丰公司）投资，按照投资协议，新投资者须缴入现金410万元，享有汇丰公司50%的股份。增资后，浙江汇丰控股有限公司注册资本为800万元，其中股东陈红出资200万元，浙江华强设备有限公司出资140万元，浙江卓越喷涂有限公司出资60万元，浙江紫光喷涂设备有限责任公司出资400万元。

（2）2019年1月5日，浙江紫光喷涂设备有限责任公司以银行存款1 200万元取得浙江辰光股份有限公司（以下简称辰光公司）30%的股权并准备长期持有，取得投资时辰光公司可辨认净资产的公允价值为 4 500 万元。浙江紫光喷涂设备有限责任公司能够对辰光公司施加重大影响。

（3）2019 年 4 月 20 日，辰光公司股东大会通过 2018 年度利润分配方案，宣告发放现金股利 300 万元。

（4）2019 年 5 月 10 日，汇丰公司宣告分配 2018 年度现金股利，总计 30 万元。

（5）2019 年 5 月 26 日，收到汇丰公司和辰光公司发放的现金股利。

（6）2019 年 12 月 31 日，2018 年度辰光公司实现净利润 1 800 万元，汇丰公司实现净利润 100 万元。

（7）2020 年 4 月 21 日，辰光公司宣告发放 2019 年度的现金股利，总计 450 万元。

（8）2020 年 5 月 9 日，汇丰公司宣告分配 2019 年度现金股利，总计 80 万元。

（9）2020 年 5 月 28 日，收到辰光公司和汇丰公司的现金股利。

（10）2020 年 12 月 31 日，2020 年度辰光公司发生净亏损 900 万元，汇丰公司实现净利润 150 万元。浙江紫光喷涂设备有限责任公司预计对辰光公司长期股权投资的可收回金额为 1 300 万元。

（11）2021 年 4 月 20 日，汇丰公司宣告分配现金股利 100 万元。

（12）2021 年 5 月 9 日，收到汇丰公司分配的现金股利。

（13）2021 年 6 月 1 日，辰光公司由于可供出售金融资产公允价值变动增加其他综合收益 300 万元。

（14）2021 年 9 月 8 日，浙江紫光喷涂设备有限责任公司与江苏瑞丰有限责任公司（以下简称瑞丰公司）签订协议，将其所持有的辰光公司的 30% 的股权全部转让给瑞丰公司。股权转让协议如下：①股权转让协议在经浙江紫光喷涂设备有限责任公司和瑞丰公司的临时股东大会批准后生效；②股权转让价款总额为 1 500 万元，在协议生效日，瑞丰公司支付股权转让价款总额的 80%；在股权过户手续办理完成时，支付股权转让价款总额的 20%。

（15）2021 年 10 月 31 日，浙江紫光喷涂设备有限责任公司和瑞丰公司分别召开临时股东大会，批准了上述股权转让协议。当日，浙江紫光喷涂设备有限责任公司收到瑞丰公司支付的股权转让价款总额的 80%。

（16）2021 年 11 月 5 日，上述股权转让的过户手续办理完毕。同时收到瑞丰公司支付的股权转让价款总额的 20%。

3．原始单据

原始单据见附录中凭证 6-1～凭证 6-16。

项目七
固定资产核算

一、收集名人事迹

请收集一位为会计理论研究、会计实务、会计教育等方面做出杰出贡献，产生巨大影响，并在该领域被广泛认同的权威会计专家及其相关事迹。

二、主要参考法规

■《企业会计准则——基本准则》

■《企业会计准则第 4 号——固定资产》

■《企业会计准则第 21 号——租赁》

■《企业会计准则第 8 号——资产减值》

■《企业会计准则——应用指南》

■《中华人民共和国增值税暂行条例》

■《财政部、国家税务总局关于全国实施增值税转型改革若干问题的通知》

■《财政部、国家税务总局关于增值税税控系统专用设备和技术维护费用抵减增值税税额有关政策的通知》

■《财政部、国家税务总局关于完善固定资产加速折旧企业所得税政策的通知（财税〔2014〕75 号)》

■《企业会计准则解释第 10 号——关于以使用固定资产产生的收入为基础的折旧方法》

■《企业内部控制应用指引第 8 号——资产管理》

■《企业内部控制应用指引第 11 号——工程项目》

三、主要内容小结

固定资产，是指同时具有下列特征的有形资产：①为生产商品、提供劳务、出租或经营管理而持有的；②使用寿命超过一个会计年度。固定资产同时满足下列条件的，才能予以确认：①与该固定资产有关的经济利益很可能流入企业；②该固定资产的成本能够可靠地计量。由于固定资产在企业生产经营活动中所起的作用、持续时间、价值转移及补偿方式与其他资产存在着差别，会计核算内容也就有所不同。

固定资产应当按照成本进行初始计量。它包括企业购建某项固定资产达到预定可使用状态前所发生的一切合理、必要的支出。固定资产发生的进项税额，可凭增值税专用发票、海关进口增值税专用缴款书和货物运输业增值税专用发票从销项税额中抵扣，其进项税额应当计入"应交税费——应交增值税（进项税额）"科目借方核算。其中允许抵扣增值税的固定资产主要是机器、机械、运输工具，以及其他与生产、经营有关的设备、工具、器具，但不包括房屋建筑物等不动产，也不包括不动产在建工程（包括新建、改建、扩建、修缮、装饰不动产的原料费和修理费）。

企业一般要设置"固定资产""累计折旧""在建工程""工程物资""固定资产清理"等科目核算固定资产的取得、折旧、后续支出、期末计价及处置等情况。

固定资产折旧，是指在固定资产的使用寿命内，按照确定的方法对应计提折旧额进行的系统分摊。除以下情况外，企业应对所有固定资产计提折旧：一是已提足折旧仍继续使用的固定资产；二是按照规定单独估价作为固定资产入账的土地。企业应当根据与固定资产有关的经济利益的预期实现方式，合理选择固定资产折旧方法。可选用的折旧方法包括年限平均法、工作量法、双倍余额递减法和年数总和法等。

固定资产后续支出，是指固定资产在使用过程中发生的更新改造支出、修理费用等。与固定资产有关的更新改造等后续支出，符合固定资产确认条件的，应当计入固定资产成本，同时将被替换部分的账面价值扣除；与固定资产有关的修理费用等后续支出，不符合固定资产确认条件的，应当根据不同情况分别在发生时计入当期管理费用或销售费用等。

为了客观、真实、准确地反映期末固定资产的实际价值，企业在编制资产负债表时，应合理地确定固定资产、工程物资和在建工程的期末价值。企业应当在资产负债表日判断资产是否存在可能发生减值的迹象，可收回金额的计量结果表明，资产的可收回金额低于其账面价值的，应当将资产的账面价值减记至可收回金额，减记的金额确认为资产减值损失，计入当期损益，同时计提相应的资产减值准备。资产减值损失一经确认，在以后会计期间不得转回。

固定资产处置，包括固定资产的出售、转让、报废和毁损、对外投资、非货币性资产交换、债务重组等。当固定资产满足下列条件之一时，应当予以终止确认：一是该固定资产处于处置状态；二是该固定资产预期通过使用或处置不能产生经济利益。固定资产处置一般通过"固定资产清理"科目核算。固定资产除毁损报废利得和损失分别在"营业外收入"和"营业外支出"科目反映外，其余通过"资产处置损益"科目反映。

四、业务处理总结

请填写表 7-1 至表 7-3，对固定资产取得业务的账务处理、固定资产持有业务的账务处理及固定资产处置业务的账务处理进行总结。

表7-1 固定资产取得业务的账务处理

业务内容		账务处理
外购	外购机器设备等	
	外购不动产	
建造	自营工程（不动产）	
	出包工程（不动产）	

表7-2 固定资产持有期间业务的账务处理

业务内容	账务处理
折旧	账务处理
	备注： 1. 计提范围 2. 计提方法 （1）年限平均法，其计算公式为 （2）工作量法，其计算公式为 （3）双倍余额递减法，其计算公式为

业务内容		账务处理
折旧		（4）年数总和法，其计算公式为
后续支出	资本化处理	
	费用化处理	
盘点	盘盈	批准前：　　　　　　　　　　　批准后：
	盘亏	批准前：　　　　　　　　　　　批准后：

表7-3　　　　　　　　　　固定资产处置业务的账务处理

业务内容		账务处理
转入清理		
发生清理费用		
保险赔偿		
处置收入和残料等		
清理净损益	净收益	
	净损失	

五、全真单项实训

1．具体要求

（1）根据经济业务资料计算固定资产入账价值、折旧金额、应提减值准备金额等。

（2）根据经济业务填制有关原始凭证。

（3）根据实训资料中的原始凭证填制记账凭证，并将原始单据附于后面。

2．文字资料

浙江紫光喷涂设备有限责任公司对固定资产后续支出的核算方法为：符合资本化条件的后续支出（改良支出）应当按照规定予以资本化，符合费用化条件的支出（如大修理、日常维护支出）于发生时直接计入当期损益。公司于每年年末对固定资产逐项进行检查，对由于市价持续下跌、技术陈旧、损坏或长期闲置等原因发生减值的固定资产计提减值准备。固定资产减值准备按单项资产计提。固定资产折旧采用年限平均法计算，并按各类固定资产的原值和估计的经济使用年限扣除残值（原值的3%）制定其折旧率。各类固定资产折旧率如表7-4所示。

表7-4　　　　　　　　　　　　　各类固定资产折旧率表

资产类别	估计经济使用年限	年折旧率
房屋建筑物	25 年	3.88%
通用设备	5 年	19.4%
专用设备	10 年	9.7%
运输设备	5 年	19.4%
其他	5 年	19.4%

2018～2022年浙江紫光喷涂设备有限责任公司固定资产涉及以下业务。

（1）2018年11月20日，浙江紫光喷涂设备有限责任公司引进一套全新数控剪板机，总计180 000元，增值税28 800元，另收到货物运输业增值税专用发票，运费5 000元，增值税500元。厂家负责安装调试。款项以银行存款网上支付，没有发生其他相关税费。按公司固定资产分类方法，该设备属于专用设备。

（2）2018年11月28日，该设备安装调试完毕，经验收合格，投入车间使用。

（3）2020年3月15日，数控剪板机发生故障，发生修理费用11 000元，款项以转账支票支付。

（4）2020年12月25日，浙江紫光喷涂设备有限责任公司组织有关人员对固定资产进行减值测试，该数控剪板机由于受市场同类产品冲击，发生减值，经认定该设备预计可收回金额为100 000元（计提减值后，该设备原预计使用年限、预计净残值、折旧方法保持不变）。

（5）2021年7月1日，浙江紫光喷涂设备有限责任公司将一台闲置佳能复印机出租，按月收取租金，月租金600元。对方用现金支付。该复印机于2008年购入，原价15 000元。

（6）2021年12月31日，浙江紫光喷涂设备有限责任公司因生产产品的需要，决定委托浙江工业大学机械研究院对数控剪板机进行技术改造。

（7）2021年12月31日，浙江紫光喷涂设备有限责任公司与浙江工业大学机械研究院签订了技术改造合同，合同总价款为50 000元，于委托日预付40%的技术改造款，余款在技术改造工程验收合格后支付。

（8）2022 年 3 月 20 日，数控剪板机改造工程完工并验收合格，预计尚可使用年限为 8 年，预计净残值率为 3%。

（9）2022 年 3 月 25 日，浙江紫光喷涂设备有限责任公司签发转账支票向浙江工业大学机械研究院支付剩余 60% 技术改造工程款。

（10）2022 年 11 月 25 日，浙江紫光喷涂设备有限责任公司因受暴雨袭击厂房进水，设备毁损严重，公司决定将数控剪板机进行处置，取得残料变价收入 15 000 元、保险公司赔偿款 40 000 元。款项均以银行存款收付，不考虑其他相关税费。

（11）2022 年 12 月 31 日，计提本月固定资产折旧。

3．原始单据

原始单据见附录中凭证 7-1～凭证 7-11。

项目八
无形资产与投资性房地产核算

一、收集名人事迹

请收集一位为会计理论研究、会计实务、会计教育等方面做出杰出贡献，产生巨大影响，并在该领域被广泛认同的权威会计专家及其相关事迹。

二、主要参考法规

■《企业会计准则——基本准则》
■《企业会计准则第 6 号——无形资产》
■《企业会计准则第 8 号——资产减值》
■《企业会计准则第 14 号——收入》
■《企业会计准则——应用指南》
■《企业内部控制应用指引第 8 号——资产管理》
■《企业内部控制应用指引第 10 号——研究与开发》

三、主要内容小结

1. 无形资产

无形资产，是指企业拥有或者控制的没有实物形态的可辨认非货币性资产。

无形资产同时满足下列条件的，才能予以确认：①与该资产相关的预计未来经济利益很可能流入企业；②该资产的成本能够可靠地计量。无形资产按是否能够预见为企业带来未来经济利益的使用寿命，分为可确定的无形资产和不可确定的无形资产。

企业一般主要设置"无形资产""研发支出""累计摊销""无形资产减值准备"等科目核算无形资产的取得、摊销、后续支出、期末计价及处置等情况。

企业从外部购入无形资产的成本，按实际支付的价款确定，包括购买价款、进口关税和其他税费，以及直接归属于使该项资产达到预定用途所发生的其他支出。企业从外部取得的无形资产若属于增值税应税服务项目，无论通过何种途径，只要取得符合抵扣条件的发票，都可以进行抵扣。企业内部研究开发项目所发生的支出应区分研究阶段支出和开发阶段支出，企业自行开发无形资产发生的研发支出，不满足资本化条件的，计入当期损益，满足资本化条件的，计入研发支出。研究开发项目达到预定用途形成无形资产的，转入无形资产。如果无法可靠区分研究阶段的支出和开发阶段的支出，则应将其所发生的研发支出全部费用化，计入当期损益。

无形资产的后续支出，是指无形资产入账后，为确保该无形资产能够给企业带来预定的经济利益而发生的支出，应在发生当期确认为费用。企业应对已入账的使用寿命有限的无形资产在使用寿命内系统、合理摊销。摊销期限为自无形资产可供使用时起至不再作为无形资产确认时止。资产负债表日判断无形资产是否存在可能发生减值的迹象，可收回金额的计量结果表明，无形资产的可收回金额低于其账面价值的，应当将无形资产的账面价值减记至可收回金额，减记的金额确认为无形资产减值损失，计入当期损益，同时计提相应的无形资产减值准备。无形资产减值损失一经确认，在以后会计期间不得转回。企业应将出售无形资产所得以净额反映，即将所得价款与该无形资产的账面价值之间的差额计入当期损益。

2. 投资性房地产

投资性房地产，是指为赚取租金或资本增值，或两者兼有而持有的房地产。投资性房地产应当能够单独计量和出售。

投资性房地产只有在符合定义的前提下，同时满足下列条件的，才能予以确认：①与该投资性房地产有关的经济利益很可能流入企业；②该投资性房地产的成本能够可靠地计量。

对已出租的土地使用权、已出租的建筑物，作为投资性房地产的确认时间一般为租赁期开始日，即土地使用权、建筑物进入出租状态，开始赚取租金的日期。对持有并准备增值后转让的土地使用权，作为投资性房地产的确认时间为企业将自用土地使用权停止自用，准备增值后转让的日期。

下列属于投资性房地产：①已出租的土地使用权；②持有并准备增值后转让的土地使用权；③已出租的建筑物。

下列项目不属于投资性房地产：①自用房地产；②作为存货的房地产。

企业应该对投资性房地产按照成本进行初始计量，通常应当采用成本模式对投资性房地产进行后续计量，也可以采用公允价值模式对投资性房地产进行后续计量。但是，同一企业只能采用一种模式对所有投资性房地产进行后续计量，不得同时采用两种计量模式。

企业对投资性房地产采用成本计量模式时，应当设置"投资性房地产""投资性房地产累计折旧（摊销）""其他业务收入""其他业务成本"等科目核算企业投资性房地产的取得、后续计量和处置等情况。投资性房地产作为企业主营业务的，应当设置"主营业务收入"和"主营业务成本"科目核算相关的损益。投资性房地产发生减值的，还应当设置"投资性房地产减值准备"科目进行核算。

企业对投资性房地产采用公允价值计量模式时，应当设置"投资性房地产——成本""投资性房地产——公允价值变动""公允价值变动损益""其他业务收入""其他业务成本"等科目核算企业投资性房地产的取得、后续计量和处置等情况。

其他资产，指不能包括在流动资产、长期投资、固定资产、无形资产等以内的资产，主要包括长期待摊费用和其他长期资产。长期待摊费用是指企业已经支出，摊销期限在 1 年（不含 1 年）的各项费用。

四、业务处理总结

请填写表 8-1 至表 8-6，对无形资产取得业务的账务处理、无形资产持有期间业务的账务处理、无形资产处置业务的账务处理、投资性房地产取得业务的账务处理、投资性房地产持有期间业务的账务处理及投资性房地产处置业务的账务处理进行总结。

表8-1　　　　　　　　　　　　　无形资产取得业务的账务处理

业务内容	账务处理
外购无形资产	
自行研发无形资产	发生研发支出时：
	结转研发支出时：

表8-2　　　　　　　　　　　　　无形资产持有期间业务的账务处理

业务内容	账务处理
使用年限有限的无形资产的摊销	账务处理
	备注： 摊销期限：
	摊销方法：

业务内容	账务处理
后续支出	
减值	

表8-3　　　　　　　　　　　　　　　无形资产处置业务的账务处理

业务内容	账务处理
出售	
出租	
报废	

表8-4　　　　　　　　　　　　　　　投资性房地产取得业务的账务处理

业务内容	账务处理
外购	
自行建造	
内部转换	

表8-5　　　　　　　　　　　　　　　投资性房地产持有期间业务的账务处理

业务内容	账务处理	
采用成本模式进行后续计量	计提折旧或摊销	
	减值	

续表

业务内容	账务处理
采用成本模式进行后续计量	后续计量模式的变更
采用公允价值模式进行后续计量	
投资性房地产后续计量模式的变更	

表8-6 投资性房地产处置业务的账务处理

业务内容	账务处理
采用成本模式进行计量	
采用公允价值模式进行计量	

五、全真单项实训

1．具体要求

（1）根据经济业务填制有关原始凭证。

（2）根据实训资料中的原始凭证，填制记账凭证，并将原始单据附于后面。

2．有关无形资产业务的文字资料

浙江紫光喷涂设备有限公司自2010年1月1日，执行《企业会计准则》。2019—2021年无形资产有关业务资料如下。

（1）2019年1月8日，公司以电汇方式向北京精密仪器研究院购入一项实用新型专利权——数控精密切割技术装置，价款15万元，增值税0.9万元。该项实用新型专利权受法律保护，预计可使用10年。公司采用直线法摊销。

（2）2020年5月20日，公司以电汇方式向上海机电股份有限公司购入一项激光折边专用技术的使用权，可无限期使用，价款 12 万元，增值税 0.72 万元。根据可获得的相关信息，公司无法合理估计该项专用技术的使用寿命。因此，公司将其确定为使用寿命不确定的无形资产。

（3）2020 年 12 月 31 日，进行本月无形资产摊销。

（4）2020 年 12 月 31 日，公司对无形资产进行减值测试，数控精密切割技术装置专利的预计未来现金流量现值是 10 万元，公允价值减去处置费用后的净额为 9 万元。减值测试后该资产的使用年限不变。激光折边技术减值测试结果为未发生减值。其他无形资产不存在减值迹象。

（5）2021 年 4 月 3 日，浙江紫光喷涂设备有限公司将数控精密切割技术装置专利对外出售给杭州萧山办公设备有限公司，取得价款 10 万元，增值税 0.6 万元，存入银行。

3．有关投资性房地产业务的文字资料

浙江紫光喷涂设备有限公司对投资性房地产采用成本模式计量，2014 年与 2016 年投资性房地产有关的业务资料如下。

（1）2019 年 1 月 10 日，公司购入写字楼一间，价款为 1 800 万元，款项以转账支票支付。即日起租给浙江锦天投资有限公司（房屋买卖合同略、房屋租赁合同略）。

（2）2019 年 6 月 30 日，公司收到浙江锦天投资有限公司租金 65 万元，对方以银行转账方式支付。合同规定每半年支付一次租金。

（3）2019 年 12 月 31 日，编制折旧计算表。该写字楼预计使用寿命为 30 年。预计净残值为 120 万元，采用年限平均法按年计提折旧。

（4）2021 年 12 月 1 日，公司以 2 300 万元将该写字楼出售给浙江鸿达实业有限公司，对方以银行转账方式支付款项。

（5）2021 年 12 月 1 日，结转该写字楼的投资性房地产成本。

4．原始单据

原始单据见附录中凭证 8-1～凭证 8-10。

项目九
流动负债核算

一、收集名人事迹

请收集一位为会计理论研究、会计实务、会计教育等方面做出杰出贡献，产生巨大影响，并在该领域被广泛认同的权威会计专家及其相关事迹。

二、主要参考法规

■《企业会计准则第 22 号——金融工具确认和计量》
■《企业会计准则第 9 号——职工薪酬（2014）》
■《企业会计准则第 17 号——借款费用》
■《企业会计准则——应用指南》
■《中华人民共和国车船税法》
■《中华人民共和国企业所得税法实施条例》
■《营业税改征增值税相关文件》
■《企业内部控制应用指引第 6 号——资金活动》
■《中华人民共和国个人所得税法实施条例》

三、主要内容小结

流动负债，是企业将在 1 年或超过 1 年的一个营业周期内偿还的债务。流动负债内容很多，为了进一步认识其性质并正确掌握其会计处理方法，应按不同标准进行分类。理论上流动负债应按未来应予偿付的现金或现金等价物的贴现值计价，实务中往往直接以到期值反映，不考虑贴现因素。

职工薪酬，是指企业为获得职工提供的服务或解除劳动关系而给予的各种形式的报酬或补偿。职工薪酬包括短期薪酬（包括职工工资、奖金、津贴和补贴、职工福利费、医疗保险费、工伤保险费和生育保险费等社会保险费、住房公积金、工会经费和职工教育经费、短期带薪缺勤、短期利润分享计划、非货币性福利、其他短期薪酬等）、离职后福利、辞退福利和其他长期职工福利。其中，职工涵盖的范围非常广泛，具体包括以下3类人员：①与企业订立劳动合同的所有人员，含全职、兼职和临时职工；②虽未与企业订立劳动合同但由企业正式任命的人员，如公司的董事会成员和监事会成员；③虽未与企业订立劳动合同或未由其正式任命，但向企业所提供服务与职工所提供服务类似的人员，具体包括货币性职工薪酬和非货币性职工薪酬。为了总括反映企业与职工之间工资的提取、结算和分配等情况，应当设置"应付职工薪酬"科目，并按照"工资、奖金、津贴和补贴""职工福利费""非货币性福利""社会保险费""住房公积金""工会经费和职工教育经费""带薪缺勤""利润分享计划""设定提存计划""设定受益计划义务""辞退福利"等职工薪酬项目设置明细科目进行明细核算。

应交税费，是我国企业一项重要的流动负债，企业根据税法规定应交纳的各种税费主要有增值税、消费税、关税、所得税、城市维护建设税、资源税、土地增值税、房产税、车船税、土地使用税、教育费附加、矿产资源补偿费、印花税、耕地占用税等。由于各种税费的征收依据不同，具体金额的计算及其账务处理也存在差异。本节的重点是流转税的核算。为了核算企业应交增值税的发生、抵扣、交纳、退税及转出等情况，应在"应交税费"科目下设置"应交增值税"明细科目。

增值税，是对商品生产和流通中各环节的新增价值或商品附加值进行征税，即增值税的课征对象是增值额。我国现行增值税对一般纳税人常采用间接计算法（也称扣税法）计算，即按销项税额扣除进项税额计算当期应交增值税金额，当期进项税额可以从当期销项税额中抵扣，当期未抵扣完的，可以留待下期和以后各期继续抵扣；对小规模纳税人实行简易办法征收，按销售额和规定的征收率3%计算当期应交增值税金额。消费税，是对我国境内从事生产、委托加工和进口应税消费品的单位和个人，根据其销售额或销售数量，在特定环节征收的一种流转税。消费税的计算有通过价定率和通过量定额两种计算方法。

短期借款，是指企业向银行或其他金融机构等借入的、偿还期在1年以内（含1年）的各种借款。其核算内容包括短期借款的取得、计息和到期归还的核算。

应付票据，是由企业开出并承诺一定时期后，支付一定金额给持票人的一种书面凭证。其核算内容包括应付票据的开出、到期清偿、到期无力清偿的核算。

应付账款，是指企业在正常生产经营过程中，因购买材料、商品或接受劳务供应等而应付给供应单位的款项。应付账款的入账时间，应以取得所购货物的所有权有关的风险和报酬已经转移或劳务已经接受为标志。应付账款一般按应付金额入账，如果购货附有现金折扣条件，则根据我国现行会计制度的规定，应付账款入账金额的确定按发票上记载的应付金额的总值（不扣除现金折扣）记账，企业获得的现金折扣，冲减财务费用。

预收账款，是指企业按照合同规定向购货单位预收的款项。预收账款是指买卖双方协议商定，由购货方预先支付一部分货款给供货方而发生的一项负债。与应付账款不同的是，预收账款所形成的负债不是以货币偿付，而是以货物来偿付。预收账款的会计核算，主要反映其发生及偿付情况，具体有两种核算方法：一是单独设置"预收账款"科目进行核算；二是在预收账款业务不多的情况下，为了简化会计核算，也可以不设置"预收账款"科目，而将预收的款项直接记入"应收账款"科目的贷方。

此外，企业在经营过程中，还有应付股利、应付利息、其他应付款等流动负债。

四、业务处理总结

请填写表 9-1 和表 9-2，对应付职工薪酬业务的账务处理及一般纳税人应交增值税业务的账务处理进行总结。

表9-1   应付职工薪酬业务的账务处理

业务内容			账务处理
确认	货币性职工薪酬		
	非货币性职工薪酬	以自产产品作为福利	
		以企业拥有的房屋等资产无偿提供	
		以租赁房屋等资产无偿提供	
发放	发放货币性职工薪酬		

续表

业务内容			账务处理
发放非货币性职工薪酬	发放非货币性职工薪酬	以自产产品作为个人福利	
		以自产产品作为集体福利	
发放	发放非货币性职工薪酬	以企业拥有的房屋等资产无偿提供	
		以租赁房屋等资产无偿提供	

表9-2 一般纳税人应交增值税业务的账务处理

业务内容		账务处理
销项核算	一般销售	
	视同销售	将本环节自产或外购的货物向下一环节移送，但又不属于正常销售的情况（无价款结算）
		视同销售按销售业务处理，计算的是销项税额，计税销售额按同类货物对外售价确定，无售价按组成计税价格确定

续表

业务内容		账务处理
进项核算	可抵扣进项税额	
	进项税额转出（是从上一环节购入的货物，购入时已支付或负担了增值税，在本环节直接进入最终消费，在购进时已抵扣过进项税的货物，后来又发生用途转变，须做进项税额转出处理）	
缴纳	本月交本月	
	结转应交未交	
	转出多交	
	上交应交未交（上交上月）	

五、全真单项实训

1．具体要求

（1）根据经济业务资料计算职工薪酬金额，并进行分配。

（2）根据经济业务资料计算本月应交增值税、城建税、教育费附加金额。

（3）根据经济业务资料计算借款利息计提金额。

（4）根据经济业务填制有关原始凭证。

（5）根据实训资料中的原始凭证填制记账凭证，并将原始单据附于后面。

2．文字资料

浙江紫光喷涂设备有限公司为职工缴纳的医疗保险费、工伤保险费、生育保险费等社会保险费和住房公积金，以及按规定提取的工会经费和职工教育经费，在职工为其提供服务的会计期间，根据规定的计提基础和计提比例计算确定相应的职工薪酬金额，并确认相应负债，计入当期损益或相关资产成本。将养老、失业保险调整至离职后福利。职工福利据实列支。公司与银行签署的借款协议，短期借款的本金到期后一次偿还，利息分月预提，按季支付。2019 年 6 月月初"应交税费——应交增值税"账户有借方余额 80 000 元，2019 年 6 月有关流动负债业务如下。

（1）2 日，购进镀锌板（原材料）一批，增值税专用发票上注明价款为 90 000 元，增值税 14 400 元，材料尚未验收入库，浙江紫光喷涂设备有限公司签发了一张面值为 104 400 元的 3 个月的银行承兑汇票。

（2）4 日，公司与中国工商银行钱江支行签订借款合同，借入一笔生产经营用短期借款，共计人民币 1 500 000 元，期限为 6 个月，年利率 7.5%。

（3）11 日，用自产产品 AK–15 静电喷涂设备 5 套对浙江合众机械设备有限公司进行投资。该批设备成本为 450 000 元，其市场价格为 600 000 元。公司拟对该项投资长期持有。浙江合众机械设备有限公司股份不存在公开交易市场。

（4）12 日，向深圳来宝柜业有限公司销售 EK–03 喷淋设备 2 台，单价 25 000 元，售价总计 50 000 元（不含增值税），已开出增值税专用发票，货款尚未收到。

（5）15 日，向深圳新星风机厂购入离心风机 5 台，单价 1 250 元 / 台，款项已支付。

（6）18 日，生产车间员工王洋生病，公司派代表去医院慰问，购买保健品 500 元，列支为福利费用。

（7）30 日，月末对原料及主要材料进行盘点，温控表盘亏 2 支，传感器盘亏 5 支。

（8）30 日，核算本月应交增值税。

（9）30 日，核算本月应交城市维护建设税和教育费附加。

（10）30 日，编制工资结算汇总表。

（11）30 日，计提应由公司承担的五险一金、工会经费、职工教育经费等，并计入相关成本费用，编制社会保险费及工会经费等计提汇总表。

（12）30 日，计提短期借款利息。

3. 原始单据

原始单据见附录中凭证 9–1～凭证 9–12。

项目十
非流动负债核算

一、收集名人事迹

请收集一位为会计理论研究、会计实务、会计教育等方面做出杰出贡献，产生巨大影响，并在该领域被广泛认同的权威会计专家及其相关事迹。

二、主要参考法规

■《企业会计准则第 22 号——金融工具确认和计量（2017）》

■《企业会计准则第 17 号——借款费用》

■《企业会计准则第 21 号——租赁》

■《企业会计准则——应用指南》

■《企业内部控制应用指引第 6 号——资金活动》

三、主要内容小结

企业向银行或其他金融机构借入的长期借款，在会计核算中设置"长期借款"科目核算。为反映企业长期借款、利息结算和借款本息的归还情况，一般须设置"长期借款——本金""长期借款——利息调整"明细科目。"长期借款——本金"科目，核算长期借款本金的借入与偿还情况；当企业借入长期借款时，实际所得款项与借款本金有差额的，还应借记"长期借款——利息调整"科目，并按期进行摊销。在资产负债表日，企业应按长期借款的摊余成本和实际利率计算确定长期借款的利息费用，并按借款费用的原则进行处理。

企业应设置"应付债券"科目，并在该科目下设置"面值""利息调整""应计利息"等明细科目，核算应付债券发行、计提利息、还本付息等情况。无论债券是按面值发行，还是溢价或折价发行，均按债券面值计入"应付债券"科目的"债券面值"明细科目，实际收到的价款与面值的差额，计入"利息调整"明细科目。"利息调整"须在债券的存续期间内进行摊销，摊销方法应采用实际利率法。对于一次还本付息债券的应计利息，应按照权责发生制原则按期预提。

除了长期借款和应付债券以外的长期负债，在会计上作为长期应付款核算，还包括应付融资租入固定资产的租赁费及以分期付款方式购入固定资产的应付款项等。企业发生的除了长期借款和应付债券以外的长期负债，应设置"长期应付款"科目核算长期应付款的发生和归还情况。

四、业务处理总结

请填写表 10-1 至表 10-3，对长期借款业务的账务处理、溢价发行应付债券业务的账务处理及应付债券与债权投资业务的账务处理比较进行总结。

表10-1 长期借款业务的账务处理

业务内容	账务处理
取得长期借款	
长期借款利息（注：长期借款利息费用应当在资产负债表日按照实际利率法计算确定，实际利率与合同利率差异较小的，也可以采用合同利率计算确定利息费用）	
归还长期借款	

表10-2　　　　　　　　　　　　溢价发行应付债券业务的账务处理

业务内容	账务处理
发行债券	
利息计提	
偿还债券	

表10-3　　　　　　　　　　　　应付债券与债权投资业务的账务处理比较

业务内容	发行方 （应付债券业务）	投资方 （债权投资业务）
发行债券		
利息计提		
偿还债券		

五、全真单项实训

1．具体要求

（1）根据经济业务资料计算债券利息费用及折价摊销金额。

（2）根据经济业务填制有关原始凭证。

（3）根据实训资料中的原始凭证填制记账凭证，并将原始单据附于后面。

2．文字资料

浙江紫光喷涂设备有限公司为了扩大生产需要建造新的厂房，决定于 2016 年 10 月 30 日发行公司债券筹集资金，有关资料如下。

（1）2016 年 10 月 30 日，委托浙江信托投资股份有限公司以 3 800 万元的价格发行 3 年期分期付息债券。该债券面值为 4 000 万元，票面利率为 5.6%，每年付息一次，到期后按面值偿还。根据债券承销协议，浙江信托投资股份有限公司收取 40 万元承销费，从发行款中扣取。2016 年 12 月 31 日，发行结束，浙江信托投资股份有限公司将 3 760 万元汇入浙江紫光喷涂设备有限公司账户。债券的实际年利率为 6.5%。

（2）2017 年 7 月 1 日，厂房采用出包方式建造，预付工程款 2 000 万元给浙江绿地建筑工程有限公司。

（3）2017 年 12 月 31 日，计提债券利息、摊销债券发行折价。

（4）2018 年 1 月 10 日，支付 2017 年债券利息。

（5）2018 年 12 月 31 日，厂房达到预定可使用状态，办理竣工验收手续，支付剩余工程款 1 800 万元。

（6）2018 年 12 月 31 日，计提债券利息、摊销债券发行折价。

（7）2019 年 1 月 10 日，支付 2018 年债券利息。

（8）2019 年 12 月 31 日，计提债券利息、摊销债券发行折价。

（9）2020 年 1 月 10 日，支付债券本金及 2018 年债券利息。

3．原始单据

原始单据见附录中凭证 10-1～凭证 10-9。

项目十一
所有者权益核算

一、收集名人事迹

请收集一位为会计理论研究、会计实务、会计教育等方面做出杰出贡献，产生巨大影响，并在该领域被广泛认同的权威会计专家及其相关事迹。

二、主要参考法规

■《中华人民共和国公司法》
■《中华人民共和国企业法人登记管理条例》
■《中华人民共和国公司登记管理条例》
■《企业会计准则——基本准则》
■《企业会计准则——财务报表列报（2014）》
■《企业会计准则——应用指南》

三、主要内容小结

所有者权益，是企业资产扣除负债后所有者享有的剩余权益。所有者权益的来源包括所有者投入的资本、直接计入所有者权益的利得和损失、留存收益等。与企业的负债相比，所有者权益的性质、享有的权利、期限和风险等均有其自身的特点。

实收资本，是指所有者按照企业章程或者合同、协议的约定，实际投入企业的资本。实收资本在独资企业、合伙企业和有限责任公司均通过"实收资本"科目核算；在股份有限公司则通过"股本"科目核算。在有限责任公司，所有者进行初始资本投资时，不会产生资本溢价，而只有当经营一段时期后，再吸收新的投资者加入时，才会产生资本溢价；而股份有限公司在股票的首次发行时，就可能会因溢价发行股票而形成企业的股本溢价，导致资本公积的增加。

资本公积，是指企业收到的投资者出资金额超出其在注册资本（或股本）中所占份额的部分，以及其他资本公积等。其中，形成资本公积（或股本溢价）的原因有溢价发行股票、投资者超额缴入资本等。其他资本公积，是指除净损益、其他综合收益和利润分配以外的所有者权益的其他变动。企业应设置"资本公积"科目并按资本公积的内容设置明细分类账，进行明细分类核算。

其他综合收益，是指企业根据企业会计准则的规定未在损益中确认的各项利得和损失。依据财政部修订部分企业会计准则的规定，从 2015 年起会计上多了一个会计科目——"其他综合收益"，正式核算原来在"资本公积——其他资本公积"中核算的部分业务，并且在资产负债表、利润表和所有权益变动表上列报。

盈余公积和未分配利润统称为留存收益，是企业从历年实现的利润中提取或形成的留存于企业的内部积累。盈余公积包括法定盈余公积和任意盈余公积，法定盈余公积和任意盈余公积的用途主要包括转增资本、弥补亏损和分派现金股利或利润 3 个方面。

未分配利润，是指企业留待以后年度进行分配的结存利润，它是连接利润分配表和资产负债表的桥梁。未分配利润包括两层含义：一是留待以后年度处理的利润；二是尚未指定用途的利润。

四、业务处理总结

请填写表 11–1 和表 11–2，对实收资本（或股本）业务的账务处理及利润分配业务的账务处理进行总结。

表11-1　　　　　　　　　　　　实收资本（或股本）业务的账务处理

业务内容			账务处理
股份有限公司以外的企业设立时	实收资本	货币资产投资	
		非货币资产投资	
股份有限公司设立时	股本	货币资产投资	

表11-2　　　　　　　　　　　　利润分配业务的账务处理

项目	账务处理
当期实现的净利润增加所有者权益	
提取盈余公积	

续表

项目	账务处理
向投资者分配利润	
盈余公积弥补亏损	
税后利润弥补以前年度亏损	
发放股票股利	
年终结转"利润分配"其他明细账户	

五、全真单项实训

1．具体要求

（1）根据经济业务资料计算公司实收资本增减变动金额。

（2）根据经济业务填制有关原始凭证。

（3）根据实训资料中的原始凭证填制记账凭证，并将原始单据附于后面。

2．文字资料

浙江紫光喷涂设备有限责任公司于 2018 年成立，自成立以来，涉及实收资本变动的经济业务如下。

（1）2018 年 6 月 1 日，滨江万深机械有限责任公司和浙江安信机电有限责任公司投资设立浙江紫光喷涂设备有限责任公司，注册资本为 1 200 万元。其中，滨江万深机械有限责任公司认缴人民币 780 万元，占注册资本的 65%，出资方式为货币 780 万元；浙江安信机电有限责任公司认缴人民币 420 万元，占注册资本的 35%，出资方式为数控精密机床 10 套，合同约定该机器设备的价值为 390 万元，增值税进项税额为 62.4 万元。不考虑其他因素。上述资金及设备均于 6 月 10 日入账。

（2）2018 年 7 月 1 日，公司与远大钢铁贸易有限公司达成债务重组协议，远大钢铁贸易有限公司将其对公司的应收货款 150 万元转为对公司的投资，占公司 120 万元注册资本。

（3）2019 年 1 月 1 日，股东浙江安信机电有限责任公司以一批设备对公司追加投资，设备评估价值为 174 万元（含增值税），占公司注册资本 150 万元。

（4）2020 年 3 月 10 日，公司股东会审议通过以 120 万元资本公积和 120 万元盈余公积转增资本。

3．原始单据

原始单据见附录中凭证 11-1～凭证 11-4。

项目十二
收入与费用核算

一、收集名人事迹

请收集一位为会计理论研究、会计实务、会计教育等方面做出杰出贡献，产生巨大影响，并在该领域被广泛认同的权威会计专家及其相关事迹。

二、主要参考法规

■《企业会计准则——基本准则》
■《企业会计准则第 14 号——收入》
■《企业会计准则——应用指南》
■《企业内部控制应用指引第 9 号——销售业务》

三、主要内容小结

1. 收入

收入，是指企业在日常活动中形成的，会导致所有者权益增加的，与所有者投入资本无关的经济利益的总流入，包括销售商品收入、提供劳务收入和让渡资产使用权收入。收入只有在经济利益很可能流入从而导致企业资产增加或者负债减少，且经济利益的流入额能够可靠地计量时才能予以确认。企业代第三方收取的款项，应当作为负债处理，不应当确认为收入。

销售商品收入的确认，必须同时满足以下 5 个条件：①企业已将商品所有权上的主要风险和报酬转移给购货方；②企业既没有保留通常与所有权相联系的继续管理权，也没有对已售出的商品实施有效控制；③收入的金额能够可靠地计量；④与交易相关的经济利益能够流入企业；⑤相关的已发生或将发生的成本能够可靠地计量。

销售商品满足收入确认条件时，应当按照已收或应收合同或协议价款的公允价值确定销售商品收入金额。无合同或协议的，应依据购销双方都同意或都能接受的价格。在对销售商品收入进行计量时，应注意区别商业折扣、现金折扣和销售折让 3 个概念。

企业在资产负债表日提供劳务交易的结果能够可靠估计的，应当采用完工百分比法确认提供劳务收入；否则，不能使用完工百分比法。通常情况下，当劳务在同一年度内开始并完成时，应根据销售商品收入的确认方法在劳务完成时确认收入；如果劳务跨会计年度，且提供劳务的交易结果能够可靠估计，则一般按照完工百分比法确认收入和费用。

让渡资产使用权的收入同时满足下列条件的，才能予以确认：一是相关的经济利益很可能流入企业；二是收入的金额能够可靠地计量。企业让渡资产使用权的收入，一般通过"其他业务收入"科目核算；所让渡资产计提的摊销额等，一般通过"其他业务成本"科目核算。

2. 费用

费用，是指企业在日常活动中发生的，会导致所有者权益减少的，与向所有者分配利润无关的经济利益的总流出。凡是因销售商品、提供劳务等日常活动而消耗的资产或付出的代价，应在当期计入费用，以便与当期收入相配比。与实现营业收入相对应的费用主要包括主营业务成本、其他业务成本、营业税金及附加、资产减值损失，以及销售费用、管理费用和财务费用等。

四、业务处理总结

请填写表 12-1 至表 12-4，对销售商品收入业务的账务处理、采用支付手续费方式委托代销商品业务的账务处理、提供劳务收入确认与计量原则及实际利率法在会计实务中的运用进行总结。

表12-1   销售商品收入业务的账务处理

业务内容	账务处理
一般销售	
销售商品涉及现金折扣业务	
销售商品涉及销售折让业务	
销售退回业务	情形一，尚未确认销售商品收入的售出商品发生销售退回时： 情形二，已确认销售商品收入的售出商品发生销售退回时：

表12-2 采用支付手续费方式委托代销商品业务的账务处理

业务内容	委托方	受托方
委托方将商品交付受托方		
受托方实际销售商品；委托方收到代销清单，开出增值税专用发票		
结算货款和手续费		

表12-3 提供劳务收入确认与计量原则

状态			确认与计量原则
同一会计年度			
跨年度——取决于交易结果能否可靠估计	能够可靠估计	在资产负债表日完工百分比法确认	本年确认的收入 =
			本年确认的费用 =
			发生劳务成本：
			预收劳务款时：
			确认劳务收入和结转劳务成本：
	不能可靠估计	估计能够得到全部补偿	
		估计能够得到部分补偿	
		估计全部不能得到补偿	

表12-4 实际利率法在会计实务中的运用

具体实务	执行准则

五、全真单项实训

1. 具体要求

（1）根据经济业务填制有关原始凭证。

（2）根据实训资料中的原始凭证填制记账凭证，并将原始单据附于后面。

2. 文字资料

浙江紫光喷涂设备有限责任公司2019年6月发生如下业务。

（1）2日，向杭州新新防盗设备有限公司销售EK–03喷淋设备5台，单价25 000元，增值税20 000元。约定的付款条件为2/10，1/20，n/30。

（2）6日，委托美华机电城有限责任公司代销EK–03喷淋设备50台，协议价为每台20 000元，由美华机电城有限责任公司自行确定对外销售价格。

（3）6日，委托美华机电城有限责任公司代销HK–01烘干设备，协议销售30台，协议价为15 000元，按代销商品售价的10%支付代销手续费。

（4）7日，购买印花税票，以现金支付。

（5）10日，开出转账支票一张向绿城物业管理公司支付物业费32 000元。

（6）11日，收到杭州新新防盗设备有限公司签发的转账支票。杭州新新防盗设备有限公司收到产品，发现有一台存在磨损，但不影响设备使用。经协商，公司同意在原约定价格基础上给予5%折扣。

（7）15 日，向深圳来宝柜业有限公司销售 HK-01 烘干设备 5 台，单价 20 000 元，增值税 16 000 元，收到面值为 116 000 元的 3 个月银行承兑汇票一张。

（8）16 日，总经理办公室报销业务招待费 2 500 元，以现金支付。

（9）17 日，向杭州百高广告公司支付产品包装设计费用 8 000 元。

（10）18 日，宁波正大厨房设备公司要求退回 5 月 15 日购买的 1 套 AK-15 静电喷涂设备，单价 120 000 元。经查明退货原因系发货错误，公司同意退货，并办理退货手续和开具红字增值税专用发票。

（11）20 日，公司收到宁波正大厨房设备公司退回的货物。

（12）30 日，公司收到美华机电城有限责任公司的代销清单，销售 EK-03 喷淋设备 30 台、HK-01 烘干设备 10 台。公司根据代销清单开具了增值税专用发票，并于当日收到了代销款项。

3．原始单据

原始单据见附录中凭证 12-1～凭证 12-12。

项目十三
利润核算

一、收集名人事迹

请收集一位为会计理论研究、会计实务、会计教育等方面做出杰出贡献，产生巨大影响，并在该领域被广泛认同的权威会计专家及其相关事迹。

二、主要参考法规

■《企业会计准则——基本准则》
■《企业会计准则第 16 号——政府补助（2017）》
■《企业会计准则第 18 号——所得税》
■《企业会计准则——应用指南》
■《中华人民共和国企业所得税法》
■《中华人民共和国企业所得税法实施条例》

三、主要内容小结

利润，是企业在一定会计期间的经营成果。利润包括收入减去费用后的净额、直接计入当期利润的利得和损失等。

未计入当期利润的利得和损失扣除所得税影响后的净额计入其他综合收益项目。净利润与其他综合收益的合计金额为综合收益总额。

利得，是由企业非日常活动所形成的，会导致所有者权益增加的，与所有者投入资本无关的经济利益的流入。

损失，是由企业非日常活动所发生的，会导致所有者权益减少的，与向所有者分配利润无关的经济利益的流出。

相关计算公式如下。

$$利润总额 = 营业利润 + 营业外收入 - 营业外支出$$

$$净利润 = 利润总额 - 所得税费用$$

$$综合收益总额 = 净利润 + 其他综合收益的税后净额$$

政府补助，是指企业从政府无偿取得货币性资产或非货币性资产，但不包括政府作为企业所有者投入的资本，分为与资产相关的政府补助和与收益相关的政府补助。

所得税，是根据企业应纳税所得额的一定比例上交的一种税金。所得税费用的核算产生于会计处理与税收处理对所得认定上的差异。《企业会计准则——所得税》规定采用资产负债表债务法进行所得税费用的核算。资产负债表债务法是从暂时性差异产生的本质出发，分析暂时性差异产生的原因及其对期末资产负债表的影响。其特点是：当税率变动或税基变动时，必须按预期税率对"递延所得税负债"和"递延所得税资产"账户余额进行调整。也就是说，首先确定资产负债表上期末递延所得税资产（负债），然后，倒挤出利润表项目当期所得税费用。资产负债表债务法下既有永久性差异又有暂时性差异时的会计处理程序如表13-1所示。

表13-1　　　　　　　　资产负债表债务法下既有永久性差异又有暂时性差异时的会计处理程序

项目		计算方法
税前会计利润		来自于会计口径利润
永久性差异	+	会计认可而税务上不认可的支出
		税务认可而会计上不认定的收入
	−	会计认可而税务上不认可的收入
		税务认可而会计上不认定的支出
暂时性差异	+	新增可抵扣暂时性差异
		转回应纳税暂时性差异
	−	转回可抵扣暂时性差异
		新增应纳税暂时性差异
应税所得		推算认定
应交税费		应税所得 × 所得税税率
递延所得税资产	借记	递延所得税资产
	贷记	
递延所得税负债	贷记	递延所得税负债
	借记	
本期所得税费用		倒挤认定

企业应通过"所得税费用"科目，核算企业所得税费用的确认及其结转情况。

企业应设置"本年利润"科目核算企业当期实现的净利润。企业期末结转利润时，应将各损益类科目的金额转入"本年利润"科目，结平各损益类科目。结转后"本年利润"科目如为贷方余额，表示当年实现的净利润；如为借方余额，表示当年发生的净亏损。

年度终了，企业还应将"本年利润"科目的本年累计余额转入"利润分配——未分配利润"科目。如"本年利润"为贷方余额，借记"本年利润"科目，贷记"利润分配——未分配利润"科目；如"本年利润"为借方余额，做相反的会计分录。结转后"本年利润"科目应无余额。

四、业务处理总结

请填写表 13-2 至表 13-4，对政府补助业务的账务处理、资产负债表债务法的一般核算程序及本年利润业务的账务处理进行总结。

表13-2 　　　　　　　　　　　　　政府补助业务的账务处理

业务内容	账务处理
与资产相关的政府补助	
与收益相关的政府补助	
与资产和收益均相关的政府补助	

表13-3 　　　　　　　　　　　　　资产负债表债务法的一般核算程序

程序	业务处理
第一步	
第二步	

续表

程序	业务处理
第三步	
第四步	
第五步	

表13-4 本年利润业务的账务处理

业务内容	账务处理
结转各项收入、利得类科目	
结转各项费用、损失类科目	
期末结转至"利润分配——未分配利润"科目	

五、全真单项实训

1. 具体要求

（1）根据经济业务资料计算应纳税所得额和应交所得税。

（2）根据经济业务填制有关原始凭证。

（3）根据实训资料中的原始凭证填制记账凭证，并将原始单据附于后面。

（4）根据相关资料计算 2019 年公司"利润分配——未分配利润"账户科目的期末余额。

2．文字资料

浙江紫光喷涂设备有限责任公司本年利润结转方法采用的是表结法，年末将本年损益类账户的累计发生额结转至"本年利润"账户。适用的企业所得税税率为 25%，公司每月按会计利润计算应交所得税，并确定所得税费用，年底根据所得税汇算清缴再进行调整。公司预计会持续赢利，以后年度能够获得足够的应纳税所得额。公司章程规定按税后利润的 10% 提取法定盈余公积，按税后利润的 5% 提取任意盈余公积。公司年初"未分配利润"账户贷方余额为 960 000 元。公司 2019 年年初"递延所得税资产"账户借方余额为 458 600 元，"递延所得税负债"账户余额为 0 元。公司 2019 年全年累计发生的损益如表 13-5 所示。

表13-5 公司2019年全年累计发生的损益情况表 单位：元

账户名称	全年累计实现金额（贷）	账户名称	全年累计发生金额（借）
主营业务收入	95 600 000	主营业务成本	79 500 000
其他业务收入	860 000	其他业务成本	542 000
公允价值变动损益	350 000	税金及附加	583 600
投资收益	920 000	销售费用	2 500 000
营业外收入	70 000	管理费用	770 000
		财务费用	480 000
		资产减值损失	190 000
		营业外支出	250 000
		所得税费用	
合　计	97 800 000	合　计	84 815 600
备　注	投资收益中包含国库券利息收入 50 000 元 营业外支出中包含违规经营行政罚款 70 000 元		

浙江紫光喷涂设备有限责任公司 2019 年、2020 年发生如下业务。

（1）2019 年 12 月 31 日，计算应纳税所得额和应交所得税，计算 2019 年暂时性差异，计算确定 2019 年递延所得税，确定利润表中的所得税费用金额，编制调整所得税费用的会计分录。

（2）2019 年 12 月 31 日，结转损益类账户本年累计发生额至"本年利润"账户。

（3）2019 年 12 月 31 日，结转"本年利润"科目。

（4）2019 年 12 月 31 日，根据公司章程规定提取法定盈余公积及任意盈余公积。

（5）2019 年 12 月 31 日，结转"利润分配"的明细科目，计算 2019 年公司"利润分配——未分配利润"科目的期末余额。

（6）2020 年 3 月 9 日，根据股东会决议分配 2019 年利润。

3．原始单据

原始单据见附录中凭证 13-1～凭证 13-4。

项目十四
财务报表编制

一、收集名人事迹

请收集一位为会计理论研究、会计实务、会计教育等方面做出杰出贡献，产生巨大影响，并在该领域被广泛认同的权威会计专家及其相关事迹。

二、主要参考法规

■《企业会计准则第 30 号——财务报表列报（2014）》
■《企业会计准则第 31 号——现金流量表》
■《企业会计准则第 32 号——中期财务报告》
■《企业会计准则　——应用指南》
■《企业内部控制应用指引第 14 号——财务报告》

三、主要内容小结

财务报告，是指企业对外提供的反映企业某一特定日期的财务状况和某一会计期间的经营成果、现金流量等会计信息的文件。财务报告包括财务报表和其他应当在财务报告中披露的相关信息和资料。

财务报表，是对企业财务状况、经营成果和现金流量的结构性表述。财务报表至少应当包括资产负债表、利润表、现金流量表、所有者权益（或股东权益，下同）变动表和附注。财务报表上述组成部分具有同等的重要程度。财务报表是提供会计信息的重要手段，对国家宏观经济调控、投资者决策和加强内部管理都有非常重要的作用。编制财务报表是会计工作的一项重要内容。企业在列报财务报表时应遵守一些基本原则。

资产负债表，是反映企业在某一特定日期财务状况的报表。它反映企业在某一特定日期所拥有或控制的经济资源，所承担的现时义务和所有者对净资产的要求权。我国企业资产负债表采用账户式结构，左方列示资产各项目，右方列示负债和所有者权益各项目，满足"资产＝负债＋所有者权益"平衡等式。企业的资产和负债按其流动性列报，一般分为流动资产和非流动资产、流动负债和非流动负债。年初余额根据上年年末资产负债表"期末余额"栏内的数字填列，期末余额各项目的填列使用不同的填列方法。

利润表，是反映企业在一定会计期间经营成果的报表。它反映企业在一定会计期间的收入实现情况、费用耗费情况、生产经营活动成果等信息，提供财务分析的基本资料。我国企业利润表采用多步式结构，主要反映营业收入、营业利润、利润总额、净利润和每股收益。上期金额根据上年该期利润表"本期金额"栏内所列数字填列。本期金额根据损益类科目的发生额分析填列。

现金流量表，是反映企业在一定会计期间现金流量的报表。它反映企业在一定会计期间的现金和现金等价物流入和流出等方面的信息。现金流量表采用报告式结构，分类反映经营活动产生的现金流量、投资活动产生的现金流量和筹资活动产生的现金流量，最后汇总反映企业现金及现金等价物净增加额。现金流量的列报方法有直接法和间接法。

资产负债表、利润表和现金流量表分别从不同角度反映企业的财务状况、经营成果和现金流量。

所有者权益变动表，是反映构成所有者权益的各组成部分当期增减变动情况的报表。它反映企业当期损益、直接计入所有者权益的利得和损失，以及与所有者（或股东，下同）的资本交易导致的所有者权益的变动情况，在一定程度上体现企业综合收益的特点。

附注，是对在资产负债表、利润表、现金流量表和所有者权益变动表等报表中列示项目的文字性描述资料，以及对未能在这些报表中列示项目的说明等。它是财务报表的重要组成部分，是对会计报表的补充说明，有助于企业财务会计报告使用者理解和使用会计信息。

四、报表项目填列总结

请填写表 14-1 至表 14-3，对资产负债表期末余额栏中各项目填列、利润表本期金额栏中各项目填列及现金流量表本期金额栏中各项目填列进行总结。

表14-1   资产负债表期末余额栏中各项目填列

填列方法		资产负债表项目举例
直接填列	根据总账账户余额填列	
间接填列	根据几个总账账户余额计算填列	

填列方法		资产负债表项目举例
间接填列	根据有关明细账账户余额计算填列	
	根据总账账户和明细账账户的期末余额分析计算填列	
	根据有关总账账户与其备抵账户抵销后的净额计算填列	
	综合运用上述填列方法分析填列	
备注	报表中可以"—"填列	

表14-2 利润表本期金额栏中各项目填列

填列方法		利润表项目举例
直接填列	根据各损益类账户的本期发生额填列	
间接填列	根据相关项目计算分析填列	营业收入 =
		营业成本 =
		营业利润 =
		利润总额 =
		净利润 =
		综合收益总额 =
备注	报表中可以"—"填列	

表14-3 现金流量表本期金额栏中各项目填列

填列方法		现金流量表项目举例
现金流量表正表采用直接法	工作底稿法	程序是：
	T型账户法	程序是：
	分析填列法	如销售商品、提供劳务收到的现金 =
		如购买商品、接受劳务支付的现金 =
现金流量表补充资料采用间接法		需要对4大类项目进行调整：

附　录
企业财务会计全真实训资料

项目二 ｜ 货币资金核算实训资料

凭证2-1

<table>
<tr>
<td rowspan="7">中国工商银行

现金支票存根（浙）
BM/02 10660200

附加信息 _____
_____
_____

出票日期：　年　月　日
收款人：_____
金　额：_____
用　途：_____</td>
<td colspan="3">中国工商银行 现金支票 （浙） BM/02 10660200</td>
</tr>
<tr>
<td colspan="3">签发日期（大写）　　年　月　日　　付款行名称：
收 款 人：_____　　出票人账号：</td>
</tr>
<tr>
<td colspan="3">人民币
（大写）　　千 百 十 万 千 百 十 元 角 分</td>
</tr>
<tr>
<td colspan="3">用途：_____
上列款项请从我账户内支付</td>
</tr>
</table>

单位主管：　会计：	出票人签章：　　　复核：　　　记账：

凭证2-2

<h2 style="text-align:center">借　款　单</h2>

借款单位（姓名）：张杰	
借款理由：出差借款	
借款数额：¥4000.00　　人民币（大写）肆仟元整	现金付讫
部门负责人意见：同意　　**沈　辉**	借款人（签章）：　**张　杰**
付款记录： 　　　2019 年 3 月 4 日现金付给　　　出　纳：　**李　研**	

凭证2-3$\frac{1}{2}$

中国工商银行电汇凭证（回单）1

委托日期 2019 年 03 月 07 日

第 10781491 号
应解汇款编号 053

汇款人	全称	浙江紫光喷涂设备有限责任公司		收款人	全称	天津金凡物资有限公司													
	账号或住址	12020234191000002998			账号或住址	20012566090007437976													
	汇出地点	浙江省杭州市县	汇出行名称 工行钱江支行		汇入地点	天津市 和平区	汇入行名称 工行和平支行													
金额	人民币（大写）玖万壹仟贰佰元整					千	百	十	万	千	百	十	元	角	分				
								￥	9	1	2	0	0	0	0				

汇款用途	材料采购款	留行待取预留收款人印鉴
款项已汇入收款人账户 汇出行盖章 中国工商银行杭州钱江支行 2019.03.07 转讫 2019 年 03 月 07 日	上列款项已收妥。 （收款人盖章） 年 月 日	科目（借）＿＿＿＿＿ 对方科目（贷）＿＿＿＿＿ 汇出行汇出日期　年 月 日 复核　　出纳　　记账

此联是汇出行给付款人的回单

凭证2-3$\frac{2}{2}$

天津市增值税专用发票

发票联

No 00550001

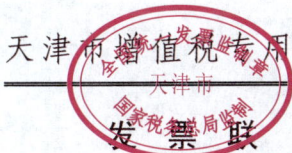

开票日期：2019年03月07日

购货单位	名　　称：浙江紫光喷涂设备有限责任公司 纳税人识别号：330166540057666 地址、电话：浙江省杭州市滨文路1202号　80118666 开户行及账号：中国工商银行杭州钱江支行1202023419100002990						密码区	（略）	
货物或应税劳务名称	规格型号	单位	数量	单价	金额	税率	税额		
材料		千克	2000	40.00	80000.00	16%	12800.00		
价税合计（大写）　　玖万贰仟捌佰元整							￥92800.00		
销货单位	名　　称：天津金凡物资有限公司 纳税人识别号：330001000001988 地址、电话：京津路115号　022-27350946 开户行及账号：工行京津路支行　5633055321						备注	天津金凡物资有限公司 330001000001988 发票专用章	

收款人：　　　　复核：　　　　开票人：傅　云　　　　销货单位：

第三联　发票联　购货方记账凭证

凭证2-4

费　用　报　销　单

报销日期：2019 年 03 月 09 日　　　　　　　　附件　1　张

费 用 项 目	类 别	金 额	负责人（签章）	陈卫达
交通费	市内交通费	90.00	审查意见	同意
			报销人（签章）	陈 海
报 销 金 额 合 计		¥90.00	现金付讫	
核实金额（大写）　　×万×仟×佰玖拾零元零角零分　　¥90.00				

审核：张 欣　　　　　　　　　　　　　　　　　　　出纳：李 研

凭证2-5

银行汇票申请书（存　根）①　　　　　　NO：000481

申请日期　2019 年 03 月 10 日

申请人	浙江紫光喷涂设备有限责任公司		收款人	江苏省科洋温度仪表有限公司										
账 号或住址	1202023419100002998		账 号或住址	2302023673490003459										
用 途	货款		代理付款行	工行江苏长丰支行										
汇款金额	人民币（大写）	捌万壹仟贰佰元整		万	千	百	十	万	千	百	十	元	角	分
							¥	8	1	2	0	0	0	0
备注：			科目 _____ 对方科目 _____ 财务主管　　复核　　经办											

此联申请人留存

凭证2-6

浙江省国家税务局通用手工发票

发票代码：133000923853

发票号码：0034575

发票代码：233000780113

付款户名：浙江紫光喷涂设备有限公司　　　　　　　　开票日期：2019 年 03 月 14 日

项目内容	规格	单位	数量	单价	金额					备注
					百	十	元	角	分	
办公用品			12	80.00	9	6	0	0	0	
合计人民币 （大写）		玖佰陆拾元整			9	6	0	0	0	

收款单位名称：杭州前进文化用品公司　　　　开票人：张　翔

收款单位税号：330003752061608

第二联：发票联

凭证2-7

中国工商银行转账支票（浙）　　BM/02 05337601

中国工商银行
转账支票存根（浙）
BM/02 05337601

附加信息
_____
_____

出票日期：　年　月　日
收款人：_____
金　额：_____
用　途：_____

签发日期（大写）　　年　月　日　　　付款行名称：

收款人：_____　　出票人账号：

人民币 （大写）	千	百	十	万	千	百	十	元	角	分

用途：_____

上列款项请从我账户内支付

单位主管：　会计：　　　　出票人签章：　　　　复核：　　　　记账：

凭证2-8

中国工商银行 托收凭证（第四联）

委托日期：2019 年 03 月 17 日　　　　　　　　　　票据号码：0372

业务类型		委托收款（ 邮划 √电划 ）		托收承付（ 邮划 电划 ）												
收款人	全称	浙江紫光喷涂设备有限责任公司	付款人	全称	宁波正大厨房设备公司											
	账号	1202023419100002998		账号	1301000111200100180											
	地址	浙江省杭州市/县	开户行	工行钱江支行		地址	浙江省宁波市/县	开户行	工行鼓楼支行							

委托款项	人民币（大写）壹拾壹万捌仟陆佰元整	亿	千	百	十	万	千	百	十	元	角	分
			¥	1	1	8	6	0	0	0	0

款项内容	货款	委托收款凭证名称	合同及发票	附寄单证张数	2

商品发运情况	已发运	合同名称号码	购销合同2014·3·17

收款人 行号	322	款项收妥日期	收款人开户银行盖章

备注：

款项收妥日期　2019 年 03 月 17 日　　　2019 年 03 月 17 日

（此联为收款通知，由收款人开户银行在款项收妥后给收款人）

凭证2-9

中国工商银行转账支票存根（浙） CM/02 05337605 附加信息 _____ _____ _____ 出票日期　年　月　日 收款人：_____ 金　额：_____ 用　途：_____	中国工商银行转账支票（浙）　CM/02 05337605 签发日期（大写）　　年　月　日　　付款行名称： 收款人：_____　　　　出票人账号.

	人民币	千	百	十	万	千	百	十	元	角	分
	（大写）										

用途：_____
上列款项请从我账户内支付

单位主管：	会计：	出票人签章：	复核：	记账：

凭证2-10

江苏省增值税专用发票　　№ 06165149

开票日期: 2019年03月19日

购货单位	名　　称: 浙江紫光喷涂设备有限责任公司 纳税人识别号: 330166540057666 地址、电话: 浙江省杭州市滨文路1202号　80118666 开户行及账号: 中国工商银行杭州钱江支行1202023419100002998	密码区	（略）

货物或应税劳务名称	规格型号	单位	数量	单价	金额	税率	税额
材料		千克	2000	35.00	70000.00	16%	11200.00

价税合计（大写）	捌万壹仟贰佰元整	￥81200.00

销货单位	名　　称: 江苏省科洋温度仪表有限公司 纳税人识别号: 32038188118867X 地址、电话: 江苏常州新北区汉江路1号　58901290 开户行及账号: 工行江苏长丰支行2302023673490003459	备注	江苏省科洋温度仪表有限公司 32038188118867X 发票专用章

收款人:　　　　复核:　　　　开票人: **钱 松**　　　　销货单位: **发票专用章**

第三联　发票联　购货方记账凭证

凭证2-11 1/2

差旅费报销单

部门:　　　　　　　　　2019 年 03 月 20 日　　　　　　　　　金额单位：元

月	日	时间	出发地	月	日	时间	到达地	机票费	车船费	住宿费 标准	住宿费 实支	出差补助 天数	出差补助 金额	其他	合计
3	4		杭州市	3	4		天津市		500.00						500.00
3	6		天津市	3	6		杭州市		500.00		2 200.00	3	500.00		3 200.00

出差任务	采购业务	报销金额（人民币）叁仟柒佰元整			预借金额	4 000.00
		单位领导: 同意报销	部门负责人: **沈 辉**	出差人: **张 杰**	报销金额	3 700.00
					结余金额	300.00

凭证2-11 2/2

收 据

2019 年 03 月 20 日

人民币: 叁佰元整　　　　　　￥300.00

上款系: 退回多余出差预借款

审批:　　　　　出纳: **李 研**　　　　经办人: **张 杰**

凭证2-12$\frac{1}{2}$

中国工商银行托收凭证（付款通知）5

委收号码 1302

委邮　　委托日期 2019 年 03 月 27 日

付款日期：2019 年 03 月 27 日

延期期限：　　年　月　日

收款单位	全　称	杭州市电力局		付款单位	全　称	浙江紫光喷涂设备有限责任公司
	账号或住址	1202020100804150128			账号或住址	1202023419100002998
	开户银行	工商天成路分理处	行号　略		开户银行	中国工商银行杭州钱江支行

委收金额	人民币（大写）　捌万贰仟玖佰陆拾捌元捌角伍分	千	百	十	万	千	百	十	元	角	分
				¥	8	2	9	6	8	8	5

款项内容	电费	委托收款凭据名称	电费专用发票	附寄单证张数	1

备注

付款单位注意：

中国工商银行杭州钱江支行
2019.03.27
转讫

1. 根据结算方式规定，上列委托收款，付款期限内未拒付时，即视同全部同意付款，以此联代支款通知。
2. 如需提前付款或多付少付款时，应另写书面通知送银行办理。
3. 如系全部或部分拒付，应在付款期限内另填拒绝付款理由书送银行办理。

付款单位开户行盖章　03月27日

单位主管：	会计：	复核：	记账：

此联是付款单位开户行通知付款单位按期付款的通知

凭证2-12$\frac{2}{2}$

ICBC ⑬ 中国工商银行　　　　同城委托收款凭证（一户通）

记账日期：2019-03-27　　　　检索号：201303187880597

付款人户名：浙江紫光喷涂设备有限责任公司　　　付款人账号：1202023419100002998

收款人户名：杭州市电力局　　　　收款人账号：1202020100804150128

金额：人民币（大写）捌万贰仟玖佰陆拾捌元捌角伍分　　　　¥82968.85

中国工商银行股份有限公司杭州钱江支行
2019.03.27
核算用章（02）

业务编号：13011685　　　　用户编号：000770688

款项内容：2019 年 03 月　　电量 23371.5

金融自助卡号：　　　　　　打印时间：2019-03-27　14:51:58

银行验证码：3729573922161008　　打印方式：柜面打印　　已打印次数　1 次

地区号：1202　　网点号：　　　　柜员号：　　　授权柜员号：

凭证2-13

中国工商银行　进账单

2019 年 3 月 28 日（收账通知）

出票人	全称	杭州新新防盗设备有限公司										
	账号	1202020109900031886										
	开户银行	中国工商银行城北支行										
金额	人民币（小写）	亿	千	百	十	万	千	百	十	元	角	分
				￥	1	6	8	2	0	0	0	0
收款人	全称	浙江紫光喷涂设备有限责任公司										
	账号	1202023419100002998										
	开户银行	中国工商银行杭州钱江支行										
票据种类	87652211		票据张数				1					
票据号码												

凭证2-14$\frac{1}{2}$

库存现金盘点表

填报单位：　　　　　　　　　　2019 年 03 月 31 日　　　　　　　　　金额单位：元

盘点现金			项目	金额	差额原因
货币面额	张数	金额			
100	13	1 300.00	现金账面数	1 600.00	
50	4	200.00	加：收入未记账	—	
20	1	20.00	减：支出未记账	—	
10	4	40.00	调整后现金余额	1 600.00	无法查明原因
5	4	20.00			
2	3	6.00	盘点现金	1 590.00	
1	2	2.00	现金长款		
0.5	1	0.50	现金短款	10.00	
0.2	6	1.20			
0.1	3	0.30			
合计		1 590.00			

盘点人：　张　雨　　　　　　　　　　　　　出纳：　李　研

凭证2-14$\frac{2}{2}$

现金盘亏审批单

现金盘亏审批单

盘点时间：2019 年 3 月 31 日

盘亏金额：盘亏 10 元

盘亏原因：系出纳工作失职所致

处理意见：根据公司财务制度规定，由出纳补足盘亏金额

审批意见：同意　刘　弢　　　2019 年 3 月 31 日

凭证2-15$\frac{1}{2}$

中国工商银行客户存款对账单

网点号：1105　　　　　　币种：人民币（本位币）单位：元　　　　　　2019 年 05 页

账号：1202023419100002998　　户名：浙江紫光喷涂设备有限责任公司　　　上页余额：2 458 600.00

日期	交易类型	凭证号	对方户名	摘要	借方发生额	贷方发生额	余额	记账信息
3 月 03 日	现金支票	略	略	略	20 000.00		2 438 600.00	略
3 月 07 日	电汇凭证				92 800.00		2 345 800.00	
3 月 15 日	转账支票				348 900.00		1 996 900.00	
3 月 17 日	委托收款凭证					118 600.00	2 115 500.00	
3 月 18 日	转账支票				5 800.00		2 109 700.00	
3 月 19 日	银行汇票				81 200.00		2 028 500.00	
3 月 21 日	资金汇划补充凭证					2 369.77	2 030 869.77	
3 月 27 日	同城委托收款				82 968.85		1 947 900.92	
3 月 28 日	（一户通）					168 200.00	2 116 100.92	
3 月 31 日	委托收款凭证				6 250.00		2 109 850.92	

截至 2019 年 03 月 31 日，账户余额：2 109 850.92　　可用余额：2 109 850.92

凭证2-15$\frac{2}{2}$

银行存款余额调节表

年　月　日　　　　　　　　　　　　　　　　单位：元

企业银行存款日记账余额		银行对账单余额	
加：		加：	
减：		减：	
调节后余额			

复核：　刘 弢　　　　　　　　　　　　制单：　张 欣

项目三 │ 应收款项核算实训资料

凭证3-1$\frac{1}{3}$

中国工商银行　托收凭证（第一联）　1

委托日期：2019 年 04 月 03 日　　　　　　票据号码：4215

业务类型		委托收款（ 邮划 电划 ）			托收承付（ 邮划 √电划 ）												
付款人	全称	深圳来宝柜业有限公司			收款人	全称	浙江紫光喷涂设备有限责任公司										
	账号	060005300908801215				账号	1202023419100002998										
	地址	深圳市罗湖区人民北路3068号	开户行	工行人民路支行		地址	浙江省杭州市/县	开户行	工行钱江支行								

委托款项	人民币（大写）	玖万伍仟捌佰元整	亿	千	百	十	万	千	百	十	元	角	分
						￥	9	5	8	0	0	0	0

款项内容	货款	委托收款凭证名称	合同及发票	附寄单证张数	2

商品发运情况	已发运	合同名称号码	购销合同 2019-4-03

收款人 行号	115	款项收妥日期		收款人开户银行签章
备注：				中国工商银行杭州钱江支行 2019年04月03日 受理凭证专用章
复核：　　记账：			年　月　日	年　月　日

（此联为回单，由收款人开户银行审查无误后加盖印章退给收款人）

凭证3-1$\frac{2}{3}$

转账支票

中国工商银行 转账支票存根（浙） CM/02 05337621 附加信息＿＿＿＿ ＿＿＿＿＿＿ ＿＿＿＿＿＿ 出票日期：　年 月 日 收款人：＿＿＿＿ 金 额：＿＿＿＿ 用 途：＿＿＿＿ 单位主管：　会计：	中国工商银行转账支票（浙）　CM/02 05337621

中国工商银行转账支票（浙）　CM/02 05337621

签发日期（大写）　　年　月　日　　付款行名称：

收款人：＿＿＿＿＿＿＿＿＿＿　出票人账号：

人民币（大写）	千	百	十	万	千	百	十	元	角	分

用途：＿＿＿＿＿＿＿＿

上列款项请从我账户内支付

出票人签章：　　　复核：　　　记账：

凭证3-1 $\frac{3}{3}$

浙江省增值税专用发票

№ 00750671

开票日期: 2019年04月03日

购货单位	名　　称：深圳来宝柜业有限公司 纳税人识别号：430101167860331 地址、电话：深圳市罗湖区人民北路3068号　0755-8222355 开户行及账号：工行深圳分行人民路支行060005300908801215	密码区	（略）

货物或应税劳务名称	规格型号	单位	数量	单价	金额	税率	税额
产品		件	500	160.00	80000.00	16%	12800.00

价税合计（大写）	玖万贰仟捌佰元整	￥92800.00

销货单位	名　　称：浙江紫光喷涂设备有限责任公司 纳税人识别号：330166540057666 地址、电话：浙江省杭州市滨文路1202号　0571-80118666 开户行及账号：中国工商银行杭州钱江支行　1202023419100002998	备注	

收款人：　　　　复核：　　　　开票人：张欣　　　　销货单位：发票专用章

第一联　记账联　销货方记账凭证

凭证3-2

商业承兑汇票（卡片）

出票日期：　　年　月　日　　　　　　　　　　00920753

（大写）

付款人	全　称		收款人	全　称											
	账号或住址			账号或住址											
	开户行			开户行				行号		115					

出票金额	人民币 （大写）				千	百	十	万	千	百	十	元	角	分

汇票到期日		交易合同号码	2019-4-233

本汇票一经承兑于到期无条件付款

承兑人签章

杜子美

承兑日期　年　月　日

本汇票请于以承兑于到期日付款

出票人签章

杜子美

出票人签章

此联收款人开户行随结算凭证寄付款人开户行作付出传票附件

89

凭证3-3

浙江省增值税专用发票

№ 00750672

记 账 联

开票日期：2019年04月07日

购货单位	名　　称：杭州新新防盗设备有限公司 纳税人识别号：33000101267860421 地址、电话：滨江市惠民路45号 开户行及账号：滨江惠民路支行　56034612145	密码区	（略）			
货物或应税劳务名称	规格型号	单位	数量	单价	金额	税率	税额

货物或应税劳务名称	规格型号	单位	数量	单价	金额	税率	税额
SKF进口轴承	63 08	套	1000	100.00	100000.00	16%	16000.00

价税合计（大写）	壹拾壹万陆仟元整	￥116000.00

销货单位	名　　称：浙江紫光喷涂设备有限责任公司 纳税人识别号：330166540057666 地址、电话：浙江省杭州市滨文路1202号　0571-80118666 开户行及账号：中国工商银行杭州钱江支行　1202023419100002998	备注	浙江紫光喷涂设备有限责任公司 330166540057666 发票专用章

收款人：　　　　　复核：　　　　　开票人：张 欣　　　　　销货单位：

第一联 记账联 销货方记账凭证

凭证3-4

中国工商银行　托收凭证（第四联）

委托日期：2019 年 04 月 15 日　　　　　　票据号码：4215

业务类型	委托收款（ 邮划　电划）		托收承付（ 邮划　√电划）		
付款人	全称	深圳来宝柜业有限公司	收款人	全称	浙江紫光喷涂设备有限责任公司
	账号	060005300908801215		账号	1202023419100002998
	地址	深圳市罗湖区人民北路3068号	开户行	工行深圳分行人民路支行	地址	浙江省杭州市滨文路1202号	开户行	中国工商银行杭州钱江支行

委托款项	人民币（大写）	玖万伍仟捌佰元整	亿	千	百	十	万	千	百	十	元	角	分
						￥	9	5	8	0	0	0	0

款项内容	货款	委托收款凭证名称	合同及发票	附寄单证张数	2

商品发运情况	已发运 中国工商银行杭州钱江支行 2019.04.15 转讫	合同名称号码	购销合同 2019-04-03

收款人 行号　115	款项收妥日期	收款人开户银行盖章
	2019 年 04 月 15 日	2019 年 04 月 15 日

（此联为收款通知，由收款人开户银行在款项收妥后给收款人）

凭证3-5

中国工商银行　进账单3

2019 年 04月16日（收账通知）

<table>
<tr><td rowspan="3">出票人</td><td>全称</td><td colspan="2">杭州新新防盗设备有限公司</td></tr>
<tr><td>账号</td><td colspan="2">33000101267860421</td></tr>
<tr><td>开户银行</td><td colspan="2">滨江惠民路支行 56034612145</td></tr>
<tr><td rowspan="2">金额</td><td>人民币
（小写）</td><td colspan="2">亿 千 百 十 万 千 百 十 元 角 分
¥ 1 1 6 0 0 0 0 0 0</td></tr>
<tr><td colspan="3"></td></tr>
<tr><td rowspan="3">收款人</td><td>全称</td><td colspan="2">浙江紫光喷涂设备有限责任公司钱江支行</td></tr>
<tr><td>账号</td><td colspan="2">1202023419100002998</td></tr>
<tr><td>开户银行</td><td colspan="2">中国工商银行杭州钱江支行</td></tr>
<tr><td colspan="2">票据种类</td><td>转账支票</td><td>票据张数 1</td></tr>
<tr><td colspan="2">票据号码</td><td colspan="2">02113400</td></tr>
</table>

凭证3-6

转账支票

中国工商银行
转账支票存根（浙）
CM/02 05349026

附加信息
_____
_____

出票日期：　年 月 日
收款人：_____
金额：_____
用途：_____
单位主管：　会计：

中国工商银行 转账支票（浙） CM/02 05349026

签发日期（大写）　年 月 日　　付款行名称：
收款人：_____　　出票人账号：

人民币
（大写）　　　千 百 十 万 千 百 十 元 角 分

用途：_____
上列款项请从我账户内支付

紫欧光阳

出票人签章：　复核：　　记账：

凭证3-7 $\frac{1}{2}$

浙江省增值税专用发票

№ 00550001

发票联

开票日期：2019年04月28日

<table>
<tr><td rowspan="4">购货单位</td><td>名　称：</td><td colspan="5">浙江紫光喷涂设备有限责任公司</td><td rowspan="4">密码区</td><td rowspan="4">（略）</td></tr>
<tr><td>纳税人识别号：</td><td colspan="5">330166540057666</td></tr>
<tr><td>地址、电话：</td><td colspan="5">浙江省杭州市滨文路1202号 0571-80118666</td></tr>
<tr><td>开户行及账号：</td><td colspan="5">中国工商银行杭州钱江支行1202023419100002998</td></tr>
<tr><td colspan="2">货物或应税劳务名称</td><td>规格型号</td><td>单位</td><td>数量</td><td>单价</td><td>金额</td><td>税率</td><td>税额</td></tr>
<tr><td colspan="2">材料</td><td></td><td>千克</td><td>1800</td><td>30.00</td><td>54000.00</td><td>16%</td><td>8640.00</td></tr>
<tr><td colspan="2">价税合计（大写）</td><td colspan="4">陆万贰仟陆佰肆拾元整</td><td colspan="3">¥62640.00</td></tr>
<tr><td rowspan="4">销货单位</td><td>名　称：</td><td colspan="5">杭州众利电子有限公司</td><td rowspan="4">备注</td><td rowspan="4">杭州众利电子有限公司
330001000001988
发票专用章</td></tr>
<tr><td>纳税人识别号：</td><td colspan="5">330001000001988</td></tr>
<tr><td>地址、电话：</td><td colspan="5">解放路14号 88389911</td></tr>
<tr><td>开户行及账号：</td><td colspan="5">工行滨江解放路分理处 56330355321</td></tr>
</table>

收款人：　　复核：　　开票人：田 圆　　销货单位：

第三联 发票联 购货方记账凭证

凭证3-7$\frac{2}{2}$　　　　　　　　　　转账支票

<table>
<tr>
<td>
中国工商银行
转账支票存根（浙）
CM/02 05349035

附加信息
_____
_____

出票日期：　年　月　日
收款人：_____
金　额：_____
用　途：_____

单位主管：　会计：
</td>
<td>
<table>
<tr><td colspan="3">◎◎ 中国工商银行转账支票（浙）</td><td>CM/02 05349035</td></tr>
</table>
签发日期（大写）　　年　月　日　　付款行名称：
收　款　人：_____　　出票人账号：
<table>
<tr><td>人民币</td><td></td><td>千</td><td>百</td><td>十</td><td>万</td><td>千</td><td>百</td><td>十</td><td>元</td><td>角</td><td>分</td></tr>
<tr><td>（大写）</td><td></td><td></td><td></td><td></td><td></td><td></td><td></td><td></td><td></td><td></td><td></td></tr>
</table>
用途：_____
上列款项请从我账户内支付

（浙江紫光喷涂设备有限责任公司 财务专用章）
紫欧光阳

出票人签章：　　　　复核：　　　　记账：
</td>
</tr>
</table>

凭证3-8$\frac{1}{2}$

中国工商银行电汇凭证（回单）1　　　第　005　号

委托日期 2019 年 04 月 28 日　　　　　　应解汇款编号 213

<table>
<tr>
<td rowspan="3">汇款人</td>
<td>全称</td>
<td colspan="3">浙江紫光喷涂设备有限责任公司</td>
<td rowspan="3">收款人</td>
<td>全称</td>
<td colspan="5">圆通汽车租赁公司</td>
<td rowspan="10">此联是汇出行给付款人的回单</td>
</tr>
<tr>
<td>账号
或住址</td>
<td colspan="3">1202023419100002998</td>
<td>账号
或住址</td>
<td colspan="5">56323300340</td>
</tr>
<tr>
<td>汇出
地点</td>
<td>浙江省
杭州市县</td>
<td>汇出行
名　称</td>
<td>工行杭州
钱江支行</td>
<td>汇入
地点</td>
<td>浙江省</td>
<td>滨江
市（县）</td>
<td>汇入行
名　称</td>
<td colspan="2">工行滨江分行</td>
</tr>
<tr>
<td rowspan="2">金额</td>
<td colspan="4" rowspan="2">人民币（大写）贰万元整</td>
<td></td>
<td>千</td><td>百</td><td>十</td><td>万</td><td>千</td><td>百</td>
</tr>
<tr>
<td></td>
<td></td><td>¥</td><td>2</td><td>0</td><td>0</td><td>0</td>
</tr>
<tr>
<td colspan="5">汇款用途</td>
<td>押金</td>
<td colspan="6">留行待取预留收款人印鉴</td>
</tr>
<tr>
<td colspan="5">款项已汇入收款人账户
汇出行盖章
（中国工商银行杭州钱江支行
2019.04.28 转讫）
2019 年 04 月 28 日</td>
<td>上列款项已收妥。

（收款人盖章）
年　月　日</td>
<td colspan="6">科目（借）_____
对方科目（贷）_____
汇出行汇出日期　年　月　日

复核　　出纳　　记账</td>
</tr>
</table>

凭证3-8$\frac{2}{2}$

车辆押金收据

收款日期 2019 年 04 月 28 日　　　　　　　　NO.3412

付款单位	浙江紫光喷涂设备有限责任公司	收款单位	圆通汽车租赁公司	收款项目	租车押金

币（大写）金额	人民币 贰万元整	千	百	十	万	千	百	十	元	角	分	结算方式
				¥ 2	0	0	0	0	0	0	0	电汇

会计： 王源林　　　　　　　出纳：　　　　　　　　经办人： 赵　欢

（第三联付款单位记账依据）

（圆通汽车租赁公司 财务专用章）

凭证3-9$\frac{1}{2}$

关于核销因迅发机电破产造成坏账损失的请示

董事会：

2018 年 3 月迅发机电从我公司购买 SKF 进口轴承，欠货款 25 500 元。我公司多次去电和派人催收，但迅发机电均以无款偿还为由而拒付。今年 2 月月初，我们接到滨江市法院通知，迅发机电因亏损严重已宣告破产。我公司作为债权人会议成员，派人参加了破产清算工作。4 月 30 日破产清算工作终结，根据《企业破产法》规定的清偿程序，迅发机电财产只够支付职工工资欠款、欠交的税金和归还部分银行贷款，对一般债务已无力偿付。原欠我公司的货款 25 500 元确定为坏账损失，故申请坏账核销。

当否，请董事会讨论批示。

附：迅发机电破产财产分配方案复印件（略）

业务员： 李荣光

销售经理： 余伟林

财务经理： 刘　斈

2019 年 4 月 30 日

凭证3-9$\frac{2}{2}$

浙江紫光喷涂设备有限责任公司七届七次董事会决议

浙江紫光喷涂设备有限责任公司于 2019 年 4 月 30 日在公司会议室召开董事会会议。应参加会议董事为 5 人，实际参加会议董事 5 人，符合公司章程规定，会议有效。与会董事就本公司坏账核销、对外担保事宜，经过讨论以举手表决方式，以 5 票赞成，0 票反对，审议通过了以下决议。

1. 公司客户迅发机电因严重亏损破产，根据其破产财产分配方案，无力偿还一般债务，将其账面所欠货款 25 500 元作为坏账核销。

2. 向控股子公司滨江机电有限责任公司提供借款担保 100 万元。

本决议符合《中华人民共和国公司法》的规定。

出席会议的董事签名： 陈军　李达　余萍　陈宇　紫欧光阳

2019 年 4 月 30 日

凭证3-10

坏账准备计提表

2019年4月30日 金额单位：元

项 目	期末余额	计提比例	已提金额	本期计提金额
应收账款				
其他应收款				

会计： 张 欣　　　　　　复核： 刘 弢　　　　　　制单： 张 欣

项目四 │ 存货核算实训资料

凭证4-1

浙江省增值税专用发票　　№ 00529921

发 票 联　　开票日期：2019年05月05日

购货单位	名 称：	浙江紫光喷涂设备有限责任公司				密码区		（略）		
	纳税人识别号：	330166540057666								
	地址、电话：	浙江省杭州市滨文路1202号　0517-80118666								
	开户行及账号：	中国工商银行杭州钱江支行　1202023419100002998								

货物或应税劳务名称	规格型号	单位	数量	单价	金额	税率	税额
轴流风机		台	50	200.00	10000.00	16%	1600.00
价税合计（大写）		壹万壹仟陆佰元整					￥11600.00

销货单位	名 称：	杭州志强机电有限公司		备注	
	纳税人识别号：	330001240001386			
	地址、电话：	凤起路345号　86702134			
	开户行及账号：	工行西湖分理处　56330111821			

杭州志强机电有限公司
330001240001386
发票专用章

收款人：　　　　　　复核：　　　　　　开票人： 张 静　　　　销货单位（章）

第三联 发票联 购货方记账凭证

凭证4-2 $\frac{1}{2}$

浙江省增值税专用发票　　№ 00529967

发　票　联

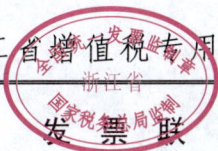

开票日期: 2019年05月07日

购货单位	名　　称: 浙江紫光喷涂设备有限责任公司 纳税人识别号: 330166540057666 地址、电话: 浙江省杭州市滨文路1202号　0517-80118666 开户行及账号: 中国工商银行杭州钱江支行　1202023419100002998	密码区	（略）

货物或应税劳务名称	规格型号	单位	数量	单价	金额	税率	税额
传感器		支	400	55.00	22000.00	16%	3520.00
价税合计（大写）		贰万伍仟伍佰贰拾元整					￥25520.00

销货单位	名　　称: 杭州新辰热电偶公司 纳税人识别号: 330001240001386 地址、电话: 庆春路345号　86702134 开户行及账号: 工行西湖北京路分理处　56330111821	备注	杭州新辰热电偶公司 330001240001386 发票专用章

收款人:　　　　复核:　　　　开票人: 张静　　　销货单位: （章）

第三联　发票联　购货方记账凭证

凭证4-2 $\frac{2}{2}$

收　料　单

供货单位: 杭州新辰热电偶公司　　　　　　　　凭证编号: 105
发票编号: 00529967　　　　2019 年 05 月 07 日　　收料仓库: 2 号仓库

类别	编号	名称	规格	单位	数　量		实际成本（元）			
					应收	实收	单价	金额	运费	合计
辅助材料										
备注:										

主管: 沈辉　　　记账: 张欣　　　仓库保管: 刘函　　　经办人: 张萍

凭证4-3

收 料 单

供货单位：杭州新辰热电偶公司　　　　　　　　　　　　　　　　凭证编号：122
发票编号：000458950　　　　　　2019 年 05 月 07 日　　　　　收料仓库：2 号仓库

类别	编号	名称	规格	单位	数 量		实 际 成 本（元）			
					应收	实收	单价	金额	运费	合计
辅助材料										
备注：										

主管：沈 辉　　　记账：张 欣　　　仓库保管：刘 函　　　经办人：张 萍

凭证4-4

收 料 单

供货单位：远大钢铁贸易有限公司　　　　　　　　　　　　　　　凭证编号：135
发票编号：00459001　　　　　　2019 年 05 月 09 日　　　　　收料仓库：2 号仓库

类别	编号	名称	规格	单位	数 量		实 际 成 本（元）			
					应收	实收	单价	金额	运费	合计
原料及主要材料										
备注：										

主管：沈 辉　　　记账：张 欣　　　仓库保管：刘 函　　　经办人：张 萍

凭证4-5

收 料 单

供货单位：江苏化工轻工民爆有限公司　　　　　　　　　　　　　凭证编号：135
发票编号：00459001　　　　　　2019 年 05 月 14 日　　　　　收料仓库：2 号仓库

类别	编号	名称	规格	单位	数 量		实 际 成 本（元）			
					应收	实收	单价	金额	运费	合计
原料及主要材料										
备注：										

主管：沈 辉　　　记账：张 欣　　　仓库保管：刘 函　　　经办人：张 萍

凭证4-6 $\frac{1}{2}$

深圳市增值税专用发票

No 00459001

发 票 联

开票日期: 2019年05月15日

购货单位	名　　称：	浙江紫光喷涂设备有限责任公司				密码区		（略）		
	纳税人识别号：	330166540057666								
	地址、电话：	浙江省杭州市滨文路1202号　0571-80118666								
	开户行及账号：	中国工商银行杭州钱江支行 1202023419100002998								

货物或应税劳务名称	规格型号	单位	数量	单价	金额	税率	税额
温控表		支	200	220.00	44000.00	16%	7040.00

价税合计（大写）	伍万壹仟零肆拾元整	￥51040.00

| 销货单位 | 名　　称： | 深圳荣科机电有限公司 | 备注 | 深圳荣科机电有限公司
330683440071300
发票专用章 |
|---|---|---|---|---|
| | 纳税人识别号： | 330683440071300 | | |
| | 地址、电话： | 长春路102号 28330122 | | |
| | 开户行及账号： | 工行城西支行 46330341827 | | |

收款人：　　　　复核：　　　　开票人：卢　森　　　　销货单位：

第三联　发票联　购货方记账凭证

凭证4-6 $\frac{2}{2}$

货物运输业增值税专用发票

No 00107818

发 票 联

开票日期: 2019年05月15日

| 承运人及纳税人识别号 | 深圳货运有限责任公司
330683210070320 | | 密码区 | （略） | |
|---|---|---|---|---|---|
| 实际受票方及纳税人识别号 | 浙江紫光喷涂设备有限责任公司
330166540057666 | | | | |
| 收货人及纳税人识别号 | 浙江紫光喷涂设备有限责任公司
330166540057666 | | 发货人及纳税人识别号 | 深圳荣科机电有限公司
330683440071300 | |
| 起运地、以由、到达地 | 深圳至杭州 | | | | |

| 费用项目及金额 | 运费
550 | 金额
60.50 | | 运输货物信息 | 温控表200支 |
|---|---|---|---|---|---|

合计金额	￥550.00		税率	10%	税额	55.00	机器编号	
价税合计（大写）	人民币陆佰零伍元整					（小写）￥605.00		
车种车号			车种吨位		备注	深圳货运有限责任公司
330683210070320
发票专用章		
主管税务机关及代码								

收款人：　　　　复核人：　　　　开票人：　　　　运承人：（章）

第二联　发票联　购货方记账凭证

凭证4-7

转账支票

中国工商银行	中国工商银行转账支票（浙） CM/02 05349052
转账支票存根（浙）	签发日期（大写）　年　月　日　　付款行名称：
CM/02 02875108	收款人：＿＿＿＿＿＿　　出票人账号：
附加信息	人民币　　　　　　千 百 十 万 千 百 十 元 角 分
＿＿＿＿＿＿＿＿＿	（大写）
＿＿＿＿＿＿＿＿＿	用途：＿＿＿＿＿
出票日期：　年　月　日	上列款项请从我账户内支付
收款人：＿＿＿＿	
金　额：＿＿＿＿	
用　途：＿＿＿＿	
单位主管：　会计：	出票人签章　　　复核：　　　记账：

凭证4-8

收　料　单

供货单位：深圳荣科机电有限公司　　　　　　　　　　　　凭证编号：135
发票编号：00459001　　　　　2019 年 05 月 19 日　　　收料仓库：2 号仓库

类别	编号	名称	规格	单位	数　量		实际成本（元）			
					应收	实收	单价	金额	运费	合计
辅助材料										
备注：运费为扣除可抵扣进项税额后的金额										

主管：　沈　辉　　　记账：　张　欣　　　仓库保管：　刘　函　　　经办人：　张　萍

凭证4-9 $\frac{1}{3}$

上海市增值税专用发票　　No 00321006

发票联

开票日期：2019年05月20日

购货单位	名　称：	浙江紫光喷涂设备有限责任公司		密码区	（略）			
	纳税人识别号：	330166540057666						
	地址、电话：	浙江省杭州市滨文路1202号 0571-80118666						
	开户行及账号：	中国工商银行杭州钱江支行 1202023419100002998						
货物或应税劳务名称	规格型号	单位	数量	单价	金额	税率	税额
离心风机		台	40	1150.00	46000.00	16%	7360.00
价税合计（大写）		伍万叁仟叁佰陆拾元整				￥53360.00	
销货单位	名　称：	上海力源风机有限公司		备注			
	纳税人识别号：	330683440071300					
	地址、电话：	长春路102号 28330122					
	开户行及账号：	工行城西支行 46330341827					

收款人：　　　　复核：　　　　开票人：　沈　军　　　销货单位：

第三联 发票联 购货方记账凭证

凭证4-9 $\frac{2}{3}$

货物运输业增值税专用发票　№ 00109718

发票联

开票日期: 2019年05月20日

承运人及纳税人识别号	上海货运有限责任公司 33072344007146		密码区	（略）
实际受票方及纳税人识别号	浙江紫光喷涂设备有限责任公司 330166540057666			
收货人及纳税人识别号	浙江紫光喷涂设备有限责任公司 330166540057666		发货人及纳税人识别号	上海力源风机有限公司 330683440071300
起运地、以由、到达地	上海至杭州			
费用项目及金额	运费　750　　金额　75.00		运输货物信息	离心风机40台
合计金额	¥750.00	税率 10% 税额 75.00	机器编号	
价税合计（大写）	捌佰贰拾伍元整		（小写）¥825.00	
车种车号		车种吨位	备注	
主管税务机关及代码				

收款人：　　　复核人：　　　开票人：章 玲　　　运承人：（章）

第二联　发票联　购货方记账凭证

凭证4-9 $\frac{3}{3}$

中国工商银行电汇凭证（回单）1

委托日期2019年05月20日　　　第 023 号　　应解汇款编号3 34

汇款人	全称	浙江紫光喷涂设备有限责任公司	收款人	全称	上海力源风机有限公司
	账号或住址	1202023419100002998		账号或住址	46330341827
	汇出地点	浙江省 杭州市县 汇出行名称 钱江支行		汇入地点	上海市 汇入行名称 工行上海城西支行

| 金额 | 人民币（大写）伍万肆仟壹佰捌拾伍元整 | 千百十万千百十元角分
¥ 5 4 1 8 5 0 0 |

汇款用途　货款　　　留行待取预留收款人印鉴

款项已汇入收款人账户
中国工商银行杭州钱江支行
汇出行盖章
2019.05.20
2019年05月20日

上列款项已收妥。
（收款人盖章）
年 月 日

科目（借）＿＿
对方科目（贷）＿＿
汇出行汇出日期 年 月 日

复核　　出纳　　记账

此联是汇出行给付款人的回单

109

凭证4-10$\frac{1}{2}$

浙江省增值税专用发票

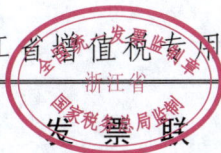

№ 00434322

发 票 联

开票日期: 2019年05月21日

购货单位	名　称: 浙江紫光喷涂设备有限责任公司
	纳税人识别号: 330166540057666
	地址、电话: 浙江省杭州市滨文路1202号 0517-80118666
	开户行及账号: 中国工商银行杭州钱江支行 1202023419100002998

密码区 （略）

货物或应税劳务名称	规格型号	单位	数量	单价	金额	税率	税额
镀锌板		吨	30	4350.00	130500.00	16%	20880.00

| 价税合计（大写） | 壹拾伍万壹仟叁佰捌拾元整 | ￥151380.00 |

销货单位	名　称: 浙江顺达物资有限公司
	纳税人识别号: 330183240962305
	地址、电话: 富阳市富春街道龙山路 38621092
	开户行及账号: 工行富阳支行 22120346662

备注

收款人：　　　　复核：　　　　开票人：傅清　　　　销货单位：（浙江顺达物资有限公司 330183240962305 发票专用章）

第三联 发票联 购货方记账凭证

凭证4-10$\frac{2}{2}$

收 料 单

供货单位：浙江顺达物资有限公司　　　　　　　　　　凭证编号：144
发票编号：00434322　　　　　2019 年 05 月 21 日　　　收料仓库：2 号仓库

类别	编号	名称	规格	单位	数量		实际成本（元）			
					应收	实收	单价	金额	运费	合计
原料及主要材料										
备注：										

主管：沈辉　　记账：张欣　　仓库保管：刘函　　经办人：张萍

凭证4-11

收 料 单

供货单位：上海力源风机有限公司　　　　　　　　　　凭证编号：144
发票编号：00310761　　　　　2019 年 05 月 24 日　　　收料仓库：2 号仓库

类别	编号	名称	规格	单位	数量		实际成本（元）			
					应收	实收	单价	金额	运费	合计
原料及主要材料										
备注：										

主管：沈辉　　记账：张欣　　仓库保管：刘函　　经办人：张萍

凭证4-12 $\frac{1}{2}$

浙江省增值税专用发票

No 00213627

发票联

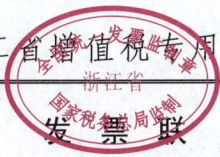

开票日期: 2019年05月25日

购货单位	名　　称: 浙江紫光喷涂设备有限责任公司 纳税人识别号: 330166540057666 地址、电话: 浙江省杭州市滨文路1202号 0517-80118666 开户行及账号: 中国工商银行杭州钱江支行 1202023419100002998	密码区	（略）

货物或应税劳务名称	规格型号	单位	数量	单价	金额	税率	税额
镀锌板		吨	150	4200.00	630000.00	16%	100800.00

价税合计（大写）	柒拾叁万零捌佰元整	￥730800.00

销货单位	名　　称: 浙江顺达物资有限公司 纳税人识别号: 330183240962305 地址、电话: 富阳市富春街道龙山路 38621092 开户行及账号: 工行富阳支行 22120346662	备注	浙江顺达物资有限公司 330183240962305 发票专用章

收款人:　　　　复核:　　　　开票人: 傅　清　　　　销货单位:

第三联　发票联　购货方记账凭证

凭证4-12 $\frac{2}{2}$

中国工商银行 转账支票存根（浙） CM/02 05349061 附加信息 _____ _____ 出票日期:　年　月　日 收款人. _____ 金　额: _____ 用　途: _____ 单位主管:　会计:	中国工商银行 转账支票（浙）　CM/02 05349061 签发日期（大写）　年　月　日　　付款行名称: ____ 收款人: _____　　出票人账号: ____

人民币 （大写）	千	百	十	万	千	百	十	元	角	分

用途: _____
上列款项请从我账户内支付

出票人签章: 紫欧光阳　　浙江紫光喷涂设备有限责任公司 财务专用章　　复核:　　记账:

凭证4-13

ICBC 中国工商银行　　　　　　网上银行转账凭证（付账通知）

记账日期：2019-05-26　　　　　　检索号：201303189880979

付款人户名：浙江紫光喷涂设备有限责任公司　　付款人账号：1202023419100002998

收款人户名：深圳荣科机电有限公司　　　　　收款人账号：46330341827

金额：人民币（大写）伍万壹仟陆佰肆拾伍元整　　　　　　¥51645.00

业务编号：13012785　　　　　　　用户编号：000770688

款项内容：材料款

金融自助卡号：　　　　　　　　打印时间：2019-05-26　15:51:58

银行验证码：3729573922161008　　打印方式：柜面打印　已打印次数　1次

凭证4-14

收 料 单

供货单位：萧山荣发机电有限公司　　　　　　　　　凭证编号：135

发票编号：　　　　　　　2019 年 05 月 26 日　　　　收料仓库：2 号仓库

类别	编号	名称	规格	单位	数　量		实际成本（元）			
					应收	实收	单价	金额	运费	合计
辅助材料										

备注：采购发票尚未收到

主管　沈　辉　　记账　张　欣　　仓库保管　刘　函　　经办人　张　萍

凭证4-15 $\frac{1}{2}$

3300093140　　天津市增值税专用发票　　№ 00598120

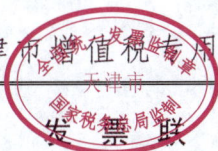

开票日期: 2019年05月28日

购货单位	名　　称: 浙江紫光喷涂设备有限责任公司 纳税人识别号: 330166540057666 地址、电话: 浙江省杭州市滨文路1202号　0571-80118666 开户行及账号: 中国工商银行杭州钱江支行　1202023419100002998	密码区	（略）

货物或应税劳务名称	规格型号	单位	数量	单价	金额	税率	税额
调压阀		只	800	60.00	48000.00	16%	7680.00

价税合计（大写）	伍万伍仟陆佰捌拾元整	¥55680.00

销货单位	名　　称: 天津久久阀门有限公司 纳税人识别号: 330183240962305 地址、电话: 天津市嘉陵道700号　022-27376666 开户行及账号: 中国工商银行天津红旗路支行　120202020234000191	备注	

收款人:　　　复核:　　　开票人: 耿清　　　销货单位: 发票专用章

凭证4-15 $\frac{2}{2}$

银行承兑汇票（存根联）

出票日期　　年　月　日
（大写）

00342319

出票人全称		收款人	全称	
出票人账号			账号	
付款行全称			开户银行	

出票金额	人民币 （大写）	十 百 十 万 千 百 十 元 角 分

汇票到期日 （大写）	年　月　日	付款行	行号	115
承兑协议编号	C2009321		地址	

本汇票请你行承兑，到期无条件付款。

出票人签章

本汇票已经承兑，到期日由本行付款。

承兑行签章　张含

年　月　日

此联签发人留存

凭证4-16$\frac{1}{6}$

领 料 单

领料部门：一车间　　　　　　　　　　　　　　　　凭证编号：002
用　途：生产产品　　　　　2019 年 05 月 31 日　　　发料仓库：2 号仓库

材料类别	材料名称及规格	材料编号	计量单位	计量		单价（元）	金额（元）							
				请领	实发		十	万	千	百	十	元	角	分
辅助材料	传感器		支	5	5									
辅助材料	调压阀		只	20	20									
合计														

记账：张 欣　　发料：刘 函　　负责人：郭 剑　　领料：沈 乐

第二联 记账联

凭证4-16$\frac{2}{6}$

领 料 单

领料部门：一车间　　　　　　　　　　　　　　　　凭证编号：003
用　途：生产产品　　　　　2019 年 05 月 31 日　　　发料仓库：2 号仓库

材料类别	材料名称及规格	材料编号	计量单位	计量		单价（元）	金额（元）							
				请领	实发		十	万	千	百	十	元	角	分
原料	镀锌板		吨	40	40									
原料	冷轧钢		吨	15	15									
合计														

记账：张 欣　　发料：刘 函　　负责人：郭 剑　　领料：沈 乐

第二联 记账联

凭证4-16$\frac{3}{6}$

领 料 单

领料部门：一车间　　　　　　　　　　　　　　　　凭证编号：004
用　途：一般消耗　　　　　2019 年 05 月 31 日　　　发料仓库：2 号仓库

材料类别	材料名称及规格	材料编号	计量单位	计量		单价（元）	金额（元）							
				请领	实发		十	万	千	百	十	元	角	分
辅助材料	调压阀		只	10	10									
辅助材料	烘箱铰链		副	25	20									
合计														

记账：张 欣　　发料：刘 函　　负责人：郭 剑　　领料：沈 乐

第二联 记账联

凭证4-16 $\frac{4}{6}$

领 料 单

领料部门：二车间 　　　　　　　　　　　　　　　　　　凭证编号：005

用　　途：生产产品　　　　　　　2019 年 05 月 31 日　　　发料仓库：2 号仓库

材料类别	材料名称及规格	材料编号	计量单位	计量		单价（元）	金额（元）								
				请领	实发		十	万	千	百	十	元	角	分
材料	镀锌板		支	25	20									
材料	离心风机		台	10	10									
合计														

第二联　记账联

记账：张 欣　　　发料：刘 函　　　负责人：郭 剑　　　领料：沈 乐

凭证4-16 $\frac{5}{6}$

领 料 单

领料部门：二车间 　　　　　　　　　　　　　　　　　　凭证编号：006

用　　途：生产产品　　　　　　　2019 年 05 月 31 日　　　发料仓库：2 号仓库

材料类别	材料名称及规格	材料编号	计量单位	计量		单价（元）	金额（元）								
				请领	实发		十	万	千	百	十	元	角	分
辅助材料	温控表		支	20	20									
辅助材料	调压阀		台	15	15									
合计														

第二联　记账联

记账：张 欣　　　发料：刘 函　　　负责人：郭 剑　　　领料：沈 乐

凭证4-16 $\frac{6}{6}$

发料凭证汇总表

2019年05月31日

单位：元

材料/部门及用途	一车间		二车间	合计
	产品耗用	一般消耗	一般消耗	
合　计				

记账：张 欣　　　　复核：郭 剑　　　　制单：张 欣

项目五 | 金融资产核算实训资料

凭证5-1

中国工商银行银证转账回单

日期：2019年03月10日

客户名称	浙江紫光喷涂设备有限责任公司	证券公司名称	杭州财通证券	券商代码	1044000
开户银行	中国工商银行杭州钱江支行	证券公司营业部	杭州财通证券营业部	证券机构号	1012
注册账户	56011702346	证券资金账号	300000112333		
银行结算账户余额	¥ 3 340 000.00				
转账金额	¥ 500 000.00				
转账大写金额	人民币伍拾万元整				

中国工商银行杭州钱江支行
2019.03.10
转讫

凭证5-2

成交过户交割单

14/03/14	杭州财通证券营业部		成交过户交割凭单	证券买入
股东号码：	A2347890		证券名称：	浦发银行股票
股东姓名：	浙江紫光喷涂设备有限责任公司		成交数量：	45 000
公司代码：	41026		成交价格：	8.80
委托序号：	300114		成交金额：	396 000.00
申报时间：	140228		标准佣金：	198.00
成交时间：	140314		印花税：	0
			过户费：	0
			委托费：	0
			实付金额：	396 198.00
上次股票余额：	0		本次股票余额：	45 000
			当日资金余额：	103 802.00

杭州财通证券营业部

凭证5-3

浦发银行2019年5月股东大会决议公告

一、会议召开和出席情况

……

二、提案审议情况

1. ……

……

4. 审议通过了《2019年度利润分配方案》

以公司2018年12月31日总股本1 865 347万股为基准，每10股派送现金红利6.60元（税后），共计12 311 290 200元。

5. ……

…………

三、律师见证情况

……

四、备查情况

……

浦发银行

2019年5月26日

凭证5-4

成交过户交割单

19/05/27	杭州财通证券营业部	成交过户交割凭单	证券买入
股东号码：	A2347890	证券名称：	浦发银行股票
股东姓名：	浙江紫光喷涂设备有限责任公司	成交数量：	10 000
公司代码：	41026	成交价格：	9.4
委托序号：	200119	成交金额：	94 000.00
申报时间：	142100	标准佣金：	47.00
成交时间：	142108	印花税：	0
		过户费：	0
		委托费：	0
		实付金额：	94 047.00
上次股票余额：	45 000	本次股票余额：	55 000
		当日资金余额：	9 755.00

凭证5-5

公允价值变动损益计算表

2019年6月30日

金额单位：元

交易性金融资产	数量	市场价格	账面价值	公允价值变动损益
浦发银行股票				
合计				

会计：张欣　　　　　复核：刘弢　　　　　制单：张欣

凭证5-6

成交过户交割单

19/07/15	杭州财通证券营业部	成交过户交割凭单	红利入账
股东号码：	A2347890	证券名称：	浦发银行股票
股东姓名：	浙江紫光喷涂设备有限责任公司	成交数量：	45 000
公司代码：	41026	成交价格：	0.66
委托序号：	200119	成交金额：	29 700.00
申报时间：	130000	标准佣金：	
成交时间：	130508	印花税：	
		过户费：	
		委托费：	
		实收金额：	29 700.00
上次股票余额：	55 000	本次股票余额：	55 000
		当日资金余额：	39 455.00

凭证5-7

成交过户交割单

19/10/20	杭州财通证券营业部	成交过户交割凭单	证券卖出
股东号码：	A2347890	证券名称：	浦发银行股票
股东姓名：	浙江紫光喷涂设备有限责任公司	成交数量：	30 000
公司代码：	41026	成交价格：	10.5
委托序号：	200119	成交金额：	315 000.00
申报时间：	130000	标准佣金：	472.5
成交时间：	130508	印花税：	0
		过户费：	0
		委托费：	0
		实收金额：	314 527.50
上次股票余额：	55 000	本次股票余额：	25 000
		当日资金余额：	353 982.50

凭证5-8

公允价值变动损益计算表

2019年12月31日 金额单位：元

交易性金融资产	数量	市场价格	账面价值	公允价值变动损益
浦发银行股票				
合计				

会计： 张 欣   复核： 刘 彶   制单： 张 欣

项目六 | 长期股权投资核算实训资料

凭证6-1$\frac{1}{2}$

股权增资协议

浙江汇丰控股有限公司系陈红、浙江华强设备有限公司、浙江卓越喷涂有限公司共同设立的有限责任公司，注册资本400万元。现浙江紫光喷涂设备有限责任公司拟对浙江汇丰控股有限公司增资。为此，特签订本协议。

一、增资

经浙江汇丰控股有限公司股东会审议同意浙江紫光喷涂设备有限责任公司以货币资金对浙江汇丰控股有限公司增资，增资额为410万元。增资后，浙江汇丰控股有限公司注册资本为800万元，其中股东陈红出资200万元，浙江华强设备有限公司出资140万元，浙江卓越喷涂有限公司出资60万元，浙江紫光喷涂设备有限责任公司出资400万元。

本协议在获得浙江紫光喷涂设备有限责任公司股东会批准后生效，浙江紫光喷涂设备有限责任公司应将股权增资款以货币资金方式支付到浙江汇丰控股有限公司指定的银行账户。

二、增资后的盈利分配等事项（略）

三、有关费用负担（略）

四、违约责任（略）

五、争议解决（略）

协议各方签章：

浙江汇丰控股有限公司

法人代表： 张 函

浙江华强设备有限公司

法人代表： 李健新 陈 红

浙江卓越喷涂有限公司

法人代表： 张 斌

浙江紫光喷涂设备有限责司

法人代表： 紫欧 光阳

2019年1月3日

凭证6-1$\frac{2}{2}$

转账支票

中国工商银行
转账支票存根（浙）
CM/02 **72638611**

附加信息 _____

_____

出票日期 年 月 日

收款人：_____

金 额：_____

用 途：_____

单位主管：　　会计：

中国工商银行转账支票（浙）　CM/02 **72638611**

签发日期（大写）　　年　月　日	付款行名称：

收款人：_____　　出票人账号：

人民币		千	百	十	万	千	百	十	元	角	分
（大写）											

用途：_____

上列款项请从我账户内支付

出票人签章　　　　复核：　　　　记账：

凭证6-2$\frac{1}{2}$

股权转让协议

甲方：浙江辰光股份有限公司

乙方：浙江紫光喷涂设备有限责任公司

甲、乙双方经过友好协商，就甲方持有的辰光股份有限公司股权转让给乙方持有的相关事宜，达成如下协议，以资信守。

甲方将其所持的 30% 的辰光股份有限公司股权转让给乙方，转让价格为 1 200 万元，以货币资金方式支付。乙方于协议生效日，支付全部转让款。

股权转让协议在经甲方和乙方的临时股东大会批准后生效。乙方按照本协议约定支付股权转让对价，办理股权过户手续后即可获得股东身份。

......

本协议正本一式四份，立约人各执一份，公司存档一份，报工商机关备案登记一份。

浙江辰光股份有限公司　　　　　　　　浙江紫光喷涂设备有限责任公司

法人代表：　方　衡　　　　　　　　　法人代表：　紫欧光阳

2019 年 1 月 5 日

凭证6-2 $\frac{2}{2}$

转账支票

中国工商银行
转账支票存根（浙）
CM/02 72638612

附加信息 _____
_____

出票日期：　年　月　日
收款人：_____
金　额：_____
用　途：_____
单位主管：　　会计：

中国工商银行**转账支票**（浙）　CM/02 **72638612**

签发日期（大写）　年　月　日　　付款行名称：

收款人：_____　出票人账号：

人民币		千	百	十	万	千	百	十	元	角	分
（大写）											

用途：_____
上列款项请从我账户内支付

出票人签章：　　复核：　　记账：

紫欧光阳

浙江紫光喷涂设备有限责任公司
财务专用章

凭证6-3

辰光公司股东大会2018年度股东会决议

一、会议召开和出席情况

……

二、提案审议情况

……

4．审议通过了《2018年度利润分配方案》

2018年共实现净利润1 178万元，根据公司章程，按10%计提法定盈余公积金，按5%计提法定公益金，发放300万元现金股利，股东按持股比例享有。

……

三、律师出具的法律意见

……

四、备查文件

……

特此公告。

辰光公司
2019年4月20日

凭证6-4

汇丰公司2018年度股东会决议

一、会议召开和出席情况

......

二、提案审议情况

1. ......

4. 审议通过了《2018年度利润分配方案》

2018年共实现净利润70万元，根据公司章程，按10%计提法定盈余公积金，按5%计提法定公益金；发放30万元现金股利，股东按持股比例享有。

......

三、律师出具的法律意见

......

四、备查文件

......

特此公告。

汇丰公司

2019年5月10日

凭证6-5$\frac{1}{2}$

中国工商银行　　进账单3

2019年 5 月26日（收账通知）

出票人	全称	浙江汇丰控股有限公司										
	账号	41110888322										
	开户银行	工商银行滨江兰湖支行										
金额	人民币（小写）	亿	千	百	十	万	千	百	十	元	角	分
				¥1	5	0	0	0	0	0	0	0
收款人	全称	浙江紫光喷涂设备有限责任公司										
	账号	1202023419100002998										
	开户银行	中国工商银行杭州钱江支行										
票据种类		转账				票据张数			1			
票据号码		56690112										

中国工商银行杭州钱江支行
2019.05.26
转讫

凭证6-5$\frac{2}{2}$

中国工商银行　进账单3

2019 年 5 月26 日（收账通知）

出票人	全称	浙江辰光股份有限公司											
	账号	51100204777											
	开户银行	工商银行下沙支行											
金额	人民币（小写）		亿	千	百	十	万	千	百	十	元	角	分
				￥	9	0	0	0	0	0	0	0	0
收款人	全称	浙江紫光喷涂设备有限责任公司											
	账号	12020234419100002998											
	开户银行	中国工商银行杭州钱江支行											
票据种类	转账				票据张数			1					
票据号码	56694446												

凭证6-6

长期股权投资损益调整计算表

2019年12月31日　　　　　　　　　　　　　　　　　　　　　　　金额单位：元

被投资公司	投资比例	会计期间	被投资单位净利润	损益调整金额
合计				

会计：张 欣　　　　　复核：刘 弢　　　　　制单：张 欣

凭证6-7

辰光公司2019年度股东会决议

一、会议召开和出席情况
……

二、提案审议情况
……

4. 审议通过了《2019 年度利润分配方案》

2019 年共实现净利润 1 200 万元，根据公司章程，按 10% 计提法定盈余公积金，按 5% 计提法定公益金，发放 450 万元现金股利，股东按持股比例享有。
……

三、律师出具的法律意见
……

四、备查文件
……

特此公告。

辰光公司
2020 年 4 月 21 日

凭证6-8

汇丰公司2019年度股东会决议

一、会议召开和出席情况

……

二、提案审议情况

……

4．审议通过了《2019年度利润分配方案》

2019年共实现净利润1 200万元，根据公司章程，按10%计提法定盈余公积金，按5%计提法定公益金，发放80万元现金股利，股东按持股比例享有。

……

三、律师出具的法律意见

……

四、备查文件

……

特此公告。

汇丰公司
2020 年 5 月 9 日

凭证6-9$\frac{1}{2}$

中国工商银行　进账单3

2020 年 5 月 28 日（收账通知）

出票人	全称	浙江辰光股份有限公司											
	账号	51100204777											
	开户银行	工商银行下沙支行											
金额	人民币（小写）		亿	千	百	十	万	千	百	十	元	角	分
				¥	1	3	5	0	0	0	0	0	0
收款人	全称	浙江紫光喷涂设备有限责任公司											
	账号	1202023415100002998											
	开户银行	中国工商银行杭州钱江支行											
票据种类	转账					票据张数	1						
票据号码	57781188												

中国工商银行杭州钱江支行
2020.05.28
转讫

凭证6-9$\frac{2}{2}$

中国工商银行　进账单3

2020 年 5 月 28 日（收账通知）

出票人	全称	浙江汇丰控股有限公司											
	账号	41110888322											
	开户银行	工商银行滨江兰湖支行											
金额	人民币（小写）		亿	千	百	十	万	千	百	十	元	角	分
		¥											
收款人	全称	浙江紫光喷涂设备有限责任公司											
	账号	12020234191000022228											
	开户银行	中国工商银行杭州钱江支行											
票据种类	转账					票据张数		1					
票据号码	57783360												

凭证6-10

损益调整计算表

2020年12月31日　　　　　　　　　　　　　金额单位：元

被投资公司	投资比例	会计期间	被投资单位净利润	损益调整金额
合计				

会计：张 欣　　　　　复核：刘 弢　　　　　制单：张 欣

凭证6-11

汇丰公司2020年度股东会决议

一、会议召开和出席情况

……

二、提案审议情况

……

4．审议通过了《2020 年度利润分配方案》

2020 年共实现净利润 1 200 万元，根据公司章程，按 10% 计提法定盈余公积金，按 5% 计提法定公益金，发放 100 万元现金股利，股东按持股比例享有。

……

三、律师出具的法律意见

……

四、备查文件

……

特此公告。

汇丰公司

2021 年 4 月 20 日

凭证6-12

中国工商银行　进账单3

2021 年 5 月 9 日（收账通知）

<table>
<tr><td rowspan="3">出票人</td><td>全称</td><td colspan="11">浙江汇丰控股有限公司</td></tr>
<tr><td>账号</td><td colspan="11">41110888322</td></tr>
<tr><td>开户银行</td><td colspan="11">工商银行滨江兰湖支行</td></tr>
<tr><td rowspan="2">金额</td><td rowspan="2">人民币
（小写）</td><td>亿</td><td>千</td><td>百</td><td>十</td><td>万</td><td>千</td><td>百</td><td>十</td><td>元</td><td>角</td><td>分</td></tr>
<tr><td></td><td></td><td>¥</td><td>5</td><td>0</td><td>0</td><td>0</td><td>0</td><td>0</td><td>0</td><td>0</td></tr>
<tr><td rowspan="3">收款人</td><td>全称</td><td colspan="11">浙江紫光喷涂设备有限责任公司</td></tr>
<tr><td>账号</td><td colspan="11">12020234910000029998</td></tr>
<tr><td>开户银行</td><td colspan="11">中国工商银行杭州钱江支行</td></tr>
<tr><td colspan="2">票据种类</td><td colspan="5">转账</td><td colspan="4">票据张数</td><td>1</td></tr>
<tr><td colspan="2">票据号码</td><td colspan="11">57782255</td></tr>
</table>

凭证6-13

其他综合收益变动计算表

2021年6月1日　　　　　　　　　　　　　　　　　　　　　金额单位：元

被投资公司	投资比例	被投资公司其他 综合收益变动额	按投资比例 调整金额
辰光公司			
合计			

会计：张　欣　　　　　　　　复核：刘　彀　　　　　　　　制单：张　欣

凭证6-14

股权转让协议

甲方：浙江紫光喷涂设备有限责任公司

乙方：江苏瑞丰有限责任公司

　　甲、乙双方经过友好协商，就甲方持有的浙江辰光股份有限公司股权转让给乙方持有的相关事宜，达成如下协议，以资信守。

　　甲方将其所持的30%的浙江辰光股份有限公司股权转让给乙方，转让价格为1 500万元，以货币资金方式支付。协议生效日乙公司支付股权转让价款总额的80%，股权过户手续办理完成时支付股权转让价款总额的20%。

　　股权转让协议在经甲方和乙方的临时股东大会批准后生效。乙方按照本协议约定支付股权转让对价，办理股权过户手续后即可获得股东身份。

　　……

　　本协议正本一式四份，立约人各执一份，公司存档一份，报工商机关备案登记一份。

浙江紫光喷涂设备有限责任公司

法人代表：紫欧光阳

江苏瑞丰有限责任公司

法人代表：陆 飞

2021 年 9 月 8 日

凭证6-15

中国工商银行　进账单

2021 年 9 月 8 日（收账通知）

出票人	全称	江苏瑞丰有限责任公司											
	账号	1110323308690140											
	开户银行	工商银行江宁支行											
金额	人民币（小写）	亿	千	百	十	万	千	百	十	元	角	分	
		¥	1	2	0	0	0	0	0	0	0	0	
收款人	全称	浙江紫光喷涂设备有限责任公司											
	账号	1202023419100002998											
	开户银行	中国工商银行杭州钱江支行											
	票据种类	转账					票据张数		1				
	票据号码	60089908											

凭证6-16

中国工商银行　进账单3

2021 年 11 月 5 日（收账通知）

出票人	全称	江苏瑞丰有限责任公司											
	账号	1110323308690140											
	开户银行	工商银行江宁支行											
金额	人民币（小写）		亿	千	百	十	万	千	百	十	元	角	分
		￥	3	0	0	0	0	0	0	0	0	0	0
收款人	全称	浙江紫光喷涂设备有限责任公司											
	账号	1202023419100002998											
	开户银行	中国工商银行杭州钱江支行											
票据种类	转账			票据张数		1							
票据号码	60089908												

中国工商银行杭州钱江支行
2021.11.05

项目七　固定资产核算实训资料

凭证7-1 $\frac{1}{4}$

上海市增值税专用发票

№ 00102122

发票联

开票日期: 2018年11月20日

购货单位	名称: 浙江紫光喷涂设备有限责任公司 纳税人识别号: 330166540057666 地址、电话: 浙江省杭州市滨文路1202号 0571-80118666 开户行及账号: 中国工商银行杭州钱江支行 1202023419100002998				密码区	（略）	
货物或应税劳务名称	规格型号	单位	数量	单价	金额	税率	税额
数控剪板机		台	1	180000.00	180000.00	16%	28800.00
价税合计（大写）	贰拾万零捌仟捌佰元整				￥208800.00		
销货单位	名称: 上海锻压机床有限责任公司 纳税人识别号: 310101073230009 地址、电话: 上海宝山区沪太路1120号 28341208 开户行及账号: 工行上海沪太路分理处 552389002			备注	上海锻压机床有限责任公司 310101073230009 发票专用章		

收款人:　　复核:　　开票人: 孙毅　　销货单位:

第三联 发票联 购货方记账凭证

147

凭证7-1$\frac{2}{4}$

转账支票

中国工商银行
转账支票存根（浙）

CM/02 01113480

附加信息 _____

_____

出票日期：　年　月　日

收 款 人：_____

金　额：_____

用　途：　网上银行

单位主管：　会计：

中国工商银行**转账支票**（浙）　CM/02 **01113480**

签发日期（大写）　　年　月　日				付款行名称：								
收 款 人：_____				出票人账号：								
人民币					千	百	十	万	千	百	十	元	角	分
（大写）														

用途：_____

上列款项请从我账户内支付

出票人签章：　　　复核：　　　记账：

凭证7-1$\frac{3}{4}$

货物运输业增值税专用发票　№ 00108818

发　票　联

开票日期：2018年11月20日

承运人及纳税人识别号	上海万达物流有限责任公司 310153230051111		密码区	（略）	
实际受票方及纳税人识别号	浙江紫光喷涂设备有限责任公司 330166540057666				
收货人及纳税人识别号	浙江紫光喷涂设备有限责任公司 330166540057666		发货人及纳税人识别号	上海锻压机床有限责任公司 310101073230009	
起运地、以由、到达地	上海至杭州				
费用项目及金额	运费 5000　金额 500			运输货物信息	数控剪板机
合计金额	￥5000.00	税率 10%	税额 500.00	机器编号	
价税合计（大写）	人民币伍仟伍佰元整			（小写）￥5500.00	
车种车号		车种吨位		备注	
主管税务机关及代码					
收款人：	复核人：	开票人：李真君	运票人：		

第二联　发票联　购货方记账凭证

凭证7-1 $\frac{4}{4}$

转账支票

中国工商银行 转账支票存根（浙） CM/02 **01113481**	中国工商银行转账支票（浙）　CM/02 **01113481**

中国工商银行
转账支票存根（浙）
CM/02 **01113481**

附加信息 ＿＿＿＿＿＿＿
＿＿＿＿＿＿＿＿＿＿＿
＿＿＿＿＿＿＿＿＿＿＿

出票日期：　年　月　日
收款人：＿＿＿＿＿＿
金　额：＿＿＿＿＿＿
用　途：　网上银行

单位主管：　会计：

中国工商银行转账支票（浙）　CM/02 **01113481**

签发日期（大写）　　年　月　日　　付款行名称：
收款人：＿＿＿＿＿＿＿＿　　出票人账号：

人民币 （大写）	千	百	十	万	千	百	十	元	角	分

用途：＿＿＿＿＿＿
上列款项请从我账户内支付

出票人签章：　　复核：　　记账：

凭证7-2

固定资产验收单

编号：05-149

名称	数控剪板机	出厂编号	940107
型号（规格）	YDH33	原　值	185 000.00
生产厂家	上海锻压机床有限责任公司	购入日期	2018 年 11 月 20 日

主要技术参数：略	
随机附件及数量：略	
随机资料：略	
设备安装调试情况：安装调试完成	
设备验收结论：该数控剪板机工作正常，可正式投入使用	
参加验收人员：	王　强　李　达　张　明　叶　文　方　红
备注：	
保管部门签章：　王　强	日期：2018.11.28
使用部门签章：　方　红	日期：2018.11.28

（一式三份，资产管理部门一份，使用部门一份，生产厂家一份）

凭证7-3$\frac{1}{2}$

上海市增值税专用发票

No 00024169

发票联

开票日期: 2020年3月15日

<table>
<tr><td rowspan="4">购货单位</td><td>名 称</td><td colspan="2">浙江紫光喷涂设备有限责任公司</td><td rowspan="4">密码区</td><td colspan="3">（略）</td></tr>
<tr><td>纳税人识别号</td><td colspan="2">330166540057666</td></tr>
<tr><td>地址、电话</td><td colspan="2">浙江省杭州市滨文路1202号 0571-80118666</td></tr>
<tr><td>开户行及账号</td><td colspan="2">中国工商银行杭州钱江支行 1202023419100002998</td></tr>
<tr><td colspan="2">货物或应税劳务名称</td><td>规格型号</td><td>单位</td><td>数量</td><td>单价</td><td>金额</td><td>税率</td><td>税额</td></tr>
<tr><td colspan="2">修理修配</td><td></td><td></td><td></td><td></td><td>11000.00</td><td>16%</td><td>1760.00</td></tr>
<tr><td colspan="2">价税合计（大写）</td><td colspan="5">壹万贰仟柒佰陆拾元整</td><td colspan="2">￥12760.00</td></tr>
<tr><td rowspan="4">销货单位</td><td>名 称</td><td colspan="2">上海锻压机床有限责任公司</td><td rowspan="4">备注</td><td colspan="3" rowspan="4"></td></tr>
<tr><td>纳税人识别号</td><td colspan="2">310101073230009</td></tr>
<tr><td>地址、电话</td><td colspan="2">上海宝山区沪太路1120号 28341208</td></tr>
<tr><td>开户行及账号</td><td colspan="2">工行上海沪太路分理处 552389002</td></tr>
</table>

收款人: 复核: 开票人: 孙毅 销货单位: 发票专用章

第三联 发票联 购货方记账凭证

凭证7-3$\frac{2}{2}$

转账支票

中国工商银行转账支票（浙） CM/02 12339301

中国工商银行
转账支票存根（浙）
CM/02 12339301

附加信息
_____

_____

出票日期: 年 月 日
收款人: _____
金 额: _____
用 途: _____

单位主管: 会计:

签发日期（大写） 年 月 日　　付款行名称:
收款人: _____　　出票人账号:

<table>
<tr><td rowspan="2">人民币</td><td>千</td><td>百</td><td>十</td><td>万</td><td>千</td><td>百</td><td>十</td><td>元</td><td>角</td><td>分</td></tr>
<tr><td>（大写）</td><td></td><td></td><td></td><td></td><td></td><td></td><td></td><td></td><td></td></tr>
</table>

用途: _____
上列款项请从我账户内支付

出票人签章: 紫欧光阳 财务专用章 复核: 记账:

凭证7-4 $\frac{1}{2}$

浙江紫光喷涂设备有限责任公司五届十五次董事会决议

　　浙江紫光喷涂设备有限责任公司于 2020 年 12 月 25 日在公司会议室召开董事会会议。应参加会议董事为 5 人，实际参加会议董事 5 人，符合公司章程规定，会议有效。会议审议通过了以下决议。

　　公司于 2018 年 11 月购入的数控剪板机账面原值 ＿＿＿＿＿ 元，累计折旧 ＿＿＿＿＿ 元，净值 ＿＿＿＿＿ 元，未计提过减值准备。由于该数控剪板机受市场同类产品冲击，经认定该数控剪板机预计可收回金额为 10 万元，已发生减值。根据《企业会计准则》、公司财务制度的规定，对该项固定资产计提减值准备 ＿＿＿＿＿ 元。计提减值后，该设备原预计使用年限、预计净残值、折旧方法保持不变。

　　本决议符合《中华人民共和国公司法》的规定。

　　出席会议的董事签名：　紫欧光阳　　沈　辉　　郭　剑　　余伟林　　刘　弢

2020 年 12 月 25 日

凭证7-4 $\frac{2}{2}$

固定资产减值准备提取计算表

2020年12月25日　　　　　　　　　　　　　　　　　　金额单位：元

固定资产名称	账面原价	累计折旧	账面净值	预计可收回金额	应计提减值准备
合计					

会计：张　欣　　　　　　复核：刘　弢　　　　　　制单：张　欣

凭证7-5

收　据

收款日期　2021 年 07 月 01 日　　　　　　　　　　NO.1012

付款单位	祥和百货有限责任公司	收款单位		浙江紫光喷涂设备有限责任公司					收款项目				租金	第二联　收款单位　记账依据
									现金付讫					
金额	人民币　陆佰元整	千	百	十	万	千	百	十	元	角	分	结算方式		
						¥	6	0	0	0	0	现金		

会计：张　欣　　　　　　出纳：李　研　　　　　　经办人：张　欣

凭证7-6 $\frac{1}{2}$

浙江紫光喷涂设备有限责任公司六届十六次董事会决议

　　浙江紫光喷涂设备有限责任公司于 2021 年 12 月 31 日在公司会议室召开董事会会议。应参加会议董事为 5 人，实际参加会议董事 5 人，符合公司章程规定，会议有效。会议审议通过了以下决议。

　　1. 公司于 2018 年 11 月购入的数控剪板机，截至 2021 年 12 月 31 日，账面原值 ＿＿＿＿＿＿ 元，累计折旧 ＿＿＿＿＿＿ 元，净值 ＿＿＿＿＿＿ 元，计提减值准备 ＿＿＿＿＿＿ 元。由于该数控剪板机受市场同类产品冲击，经研究决定调整公司产品结构，委托浙江工业大学机械研究院对该数控剪板机进行技术改造。自即日起，该数控剪板机停止使用。

　　2. ……

　　……

　　本决议符合《中华人民共和国公司法》的规定。

　　出席会议的董事签名：紫欧光阳　赵昀　李达　江建　陈宇

2021 年 12 月 31 日

凭证7-6 $\frac{2}{2}$

固定资产减值准备计算表

2021年12月31日　　　　　　　　　　　　　金额单位：元

固定资产名称	固定资产原值	累计折旧	已提减值准备	预计可收回金额	计提减值准备
合计					

会计：张 欣　　　　　　　复核：刘 彀　　　　　　　制单：张 欣

凭证7-7

转账支票

中国工商银行 转账支票存根（浙） CM/02 05337501 附加信息＿＿＿＿＿ ＿＿＿＿＿＿＿＿ 出票日期：　年　月　日 收款人：＿＿＿＿ 金　额：＿＿＿＿ 用　途：＿＿＿＿ 单位主管：　会计：	中国工商银行 转账支票（浙）　CM/02 05337501

中国工商银行 转账支票 （浙）　CM/02 05337501

签发日期（大写）　　年　月　日　　　付款行名称：

收款人：＿＿＿＿＿＿＿＿　　　出票人账号：

人民币 （大写）	千	百	十	万	千	百	十	元	角	分

用途：＿＿＿＿

上列款项请从我账户内支付

紫欧光阳

出票人签章：　　　　复核：　　　　记账：

凭证7-8

工程验收单

2022 年 03 月 20 日

甲方：浙江紫光喷涂设备有限责任公司
乙方：浙江工业大学机械研究院

序号	验收项目名称	验收结果
1	数控剪板机改造	
	整体工程验收结果	

经生产测试，产品达到有关合同约定的技术要求。

甲方代表： 乙方代表：

凭证7-9$\frac{1}{2}$

转账支票

中国工商银行	中国工商银行转账支票（浙） CM/02 20110696
转账支票存根（浙） CM/02 20110696	签发日期（大写）　年 月 日　　付款行名称： 收 款 人：_____　　出票人账号：_____

中国工商银行转账支票存根（浙）

CM/02 20110696

附加信息_____

_____

出票日期：　年 月 日

收款人：_____

金　额：_____

用　途：_____

单位主管：　会计：

签发日期（大写）　年 月 日　　付款行名称：

收 款 人：_____　　出票人账号：_____

人民币		千	百	十	万	千	百	十	元	角	分
（大写）											

用途：_____

上列款项请从我账户内支付

出票人签章：　　复核：　　记账：

凭证7-9$\frac{2}{2}$

滨江市行政事业单位收款收据

No. 000340781

2022年3月25日

交款单位 （或交款人）	浙江紫光喷涂设备有限责任公司					
项目	单位	数量	单价（元）	金额（元）	备注	
数控剪板机改造	项	1	30000.00	30000.00		
人民币（大写）合计	叁万元整					
收款单位（公章）：		负责人：葛 飞		经办人：王 娜		

凭证7-10$\frac{1}{6}$

固定资产报废审批表

金额单位：元

资产名称	数控剪板机	原值		购建时间	2018.11.20
规格型号	略	已提折旧		规定使用年限	10 年
单价	略	净值		已使用时间	4 年
数量	略	已提减值		预提残值	

申请原因：
该数控剪板机在 2022 年 11 月因受暴雨袭击厂房进水，受到严重毁损，不能正常使用，且无维修价值，申请报废。

资产管理部门意见： 同意报废 负责人（签字）：　金建华	财务部门意见： 同意报废 负责人（签字）：　刘　弢	总经理意见： 同意报废 负责人（签字）：　余伟林 2022 年 11 月 25 日

此表一式四份：申报部门两份，资产管理部门、财务部门各一份。

凭证7-10$\frac{2}{6}$

税务机关代开统一发票

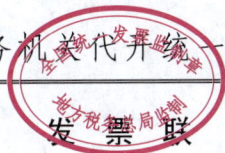

发票联

发票代码：133000940136
发票号码：00213130

开票日期：2022年11月25日

付款方名称	滨江嘉运废品回收有限责任公司	代开普通发票 申请号码	
收方名称 地址、电话	浙江紫光喷涂设备有限责任公司 浙江省杭州市滨文路1202号 0571-80118666	收款方识别号或 证件号码	330166540057666
品　目　及　金　额		备　注	
废料　　15000.00			
合计人民币（大写）　壹万伍仟元整			（小写）　¥15000.00
税额（大写）　贰仟肆佰元整		完税凭证号码	

税控码：　　　　　　　　　　　　　　　　　　　　开票人：　刘　林

凭证7-10 $\frac{3}{6}$

中国工商银行　进账单3

2022 年 11 月 25 日（收账通知）

出票人	全称	滨江嘉运废品回收有限责任公司										
	账号	56051344425										
	开户银行	工商银行滨江高新支行										
金额	人民币（大写）		亿	千	百	十	万	千	百	十	元	角	分
						¥	1	5	0	0	0	0	0
收款人	全称	浙江紫光喷涂设备有限责任公司										
	账号	1202023419100002998										
	开户银行	中国工商银行杭州钱江支行										
票据种类				票据张数			1					
票据号码	87652211										

中国工商银行杭州钱江支行
2022.11.25
转讫

凭证7-10 $\frac{4}{6}$

中国平安保险股份有限公司

理赔批单

浙江紫光喷涂设备有限责任公司：

根据 083001763 赔案号，理赔已结案，现责任批改如下。

保单号	保险责任	保额（元）	给付金额（元）	剩余保额（元）
02A55720	财产保险	100 000.00	40 000.00	60 000.00
总计			40 000.00	

中国平安保险股份有限公司滨江分公司

2022 年 11 月 25 日

凭证7-10$\frac{5}{6}$

中国工商银行　进账单3

2022 年 11 月 25 日（收账通知）

出票人	全称	中国平安保险股份有限公司滨江分公司										
	账号	21341004828										
	开户银行	工商银行滨江兰湖支行										
金额	人民币（小写）	亿	千	百	十	万	千	百	十	元	角	分
					¥	4	0	0	0	0	0	0
收款人	全称	浙江紫光喷涂设备有限责任公司										
	账号	1202023419100002998										
	开户银行	中国工商银行杭州钱江支行										
票据种类	转账支票		票据张数	1								
票据号码	86655210											

凭证7-10$\frac{6}{6}$

固定资产清理损益计算表

2022年11月25日

清理项目		清理原因	
固定资产清理借方发生额		固定资产清理贷方发生额	
清理支出内容	金额（元）	清理收入内容	金额（元）
借方合计		贷方合计	

固定资产清理　　净收益　　金额：人民币 ＿＿＿＿＿＿＿＿＿＿＿＿＿＿＿＿＿

　　　　　　　　净损失

会计：张　欣　　　　　复核：刘　彧　　　　　制单：张　欣

凭证7-11

固定资产折旧计算表

2022年12月

金额单位：元

使用部门	固定资产项目	上月折旧额	上月增加固定资产		上月减少固定资产		本月折旧额
			原值	折旧额	原值	折旧额	
一车间	房屋及建筑物	10 000.00					
	专用设备	20 500.00	20 000.00				
	其他	900.00					
	小计	31 400.00	20 000.00				
二车间	房屋及建筑物	10 000.00					
	专用设备	12 000.00	40 000.00				
	小计	22 000.00	40 000.00				
行政管理部门	房屋及建筑物	12 000.00					
	运输工具	4 000.00			40 000.00		
	其他	5 000.00			3 000.00		
	小计	21 000.00			43 000.00		
销售部门	其他	2 000.00					
经营租出	专用设备	1 500.00					
合计		77 900.00	6 000.00		43 000.00		

会计：张 欣　　　　复核：刘 发　　　　制单：张 欣

项目八 | 无形资产与投资性房地产核算实训资料

凭证8-1$\frac{1}{2}$

3300093140

北京市增值税专用发票

№ 23098745

发 票 联

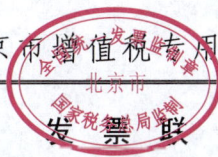

开票日期：2019年01月08日

购货单位	名　称：浙江紫光喷涂设备有限责任公司 纳税人识别号：330166540057666 地址、电话：浙江省杭州市滨文路1202号 0571-80118666 开户行及账号：中国工商银行杭州钱江支行 1202023419100002998	密码区	（略）

货物或应税劳务名称	规格型号	单位	数量	单价	金额	税率	税额
专利权		台	1	150000.00	150000.00	6%	9000.00

价税合计（大写）	壹拾伍万玖仟元整	（小写）¥159000.00

销货单位	名　称：北京精密仪器研究院 纳税人识别号：110103634308632 地址、电话：安定路345号 010-64442396 开户行及账号：工行北京安贞支行 9558820200001421775	备注	北京精密仪器研究院 110103634308632 发票专用章

收款人：万 项　　　复核：　　　开票人：查 方　　　销货单位：发票专用章

第三联 发票联 购货方记账凭证

167

凭证8-1$\frac{2}{2}$

中国工商银行电汇凭证（回单）1　　第 023 号

委托日期 2019 年 01 月 08 日　　　　应解汇款编号 334

汇款人	全称	浙江紫光喷涂设备有限责任公司		收款人	全称	北京精密仪器研究院		
	账号或住址	1202023419100002998			账号或住址	9558820200001421775		
	汇出地点	浙江省杭州市（县）	汇出行名称	杭州钱江支行		汇入地点	北京	汇入行名称	工行北京安贞支行

金额	人民币（大写）壹拾伍万玖仟元整	千	百	十	万	千	百	十	元	角	分
				¥	1	5	9	0	0	0	0	0

汇款用途	押金	留行待取预留收款人印鉴
款项已汇入收款人账户 汇出行盖章　2019 年 01 月 08 日	上列款项已收妥。 （收款人盖章） 年 月 日	科目（借）＿＿＿＿ 对方科目（贷）＿＿＿＿ 汇出行汇出日期 年 月 日 复核　出纳　记账

中国工商银行杭州钱江支行
2019.01.08
转讫

凭证8-2$\frac{1}{2}$

上海市增值税专用发票　　№ 23098745

发票联

开票日期: 2020年05月20日

购货单位	名　称：浙江紫光喷涂设备有限责任公司 纳税人识别号：330166540057666 地址、电话：浙江省杭州市滨文路1202号 0571-80118666 开户行及账号：中国工商银行杭州钱江支行 1202023419100002998	密码区	（略）

货物或应税劳务名称	规格型号	单位	数量	单价	金额	税率	税额
专用技术		台	1	120000.00	120000.00	6%	7200.00
价税合计（大写）			壹拾贰万柒仟贰佰元整			（小写）¥127200.00	

销货单位	名　称：上海机电股份有限公司 纳税人识别号：31010473620615X 地址、电话：徐家汇漕溪北路51号 021-34561876 开户行及账号：工行徐家汇支行 62220210010332546	备注	上海机电股份有限公司 31010473620615X 发票专用章

收款人: 李敏　　复核:　　开票人: 陈好　　销货单位:

凭证8-2 $\frac{2}{2}$

中国工商银行电汇凭证（回单）1

委托日期 2020 年 05 月 20 日　　　　　第　023　号　　应解汇款编号 334

汇款人	全称	浙江紫光喷涂设备有限责任公司		收款人	全称	上海机电股份有限公司	
	账号或住址	1202023419100002998			账号或住址	62220210010332546	
	汇出地点	浙江省杭州市（县）	汇出行名称 杭州钱江支行		汇入地点 上海		汇入行名称 工行徐家汇支行

金额	人民币（大写）壹拾贰万柒仟贰佰元整	千 百 十 万 千 百 十 元 角 分 ¥ 1 2 7 2 0 0 0 0 0

中国工商银行杭州钱江支行
2020.05.20

汇款用途	押金	留行待取预留收款人印鉴
款项已汇入收款人账户 汇出行盖章 转 2020年05月20日	上列款项已收妥。 （收款人盖章）　年 月 日	科目（借）_____ 对方科目（贷）_____ 汇出行汇出日期　年 月 日 复核　出纳　记账

此联是汇出行给付款人的回单

凭证8-3

无形资产摊销计算表

2020 年 12 月 31 日月　　　　　　　　　　　　　　金额单位：元

项目	使用部门	原值	预计可使用年限	月摊销额
高温轴承专利	生产部门	36 万	10 年	
防锈防腐专有技术	生产部门	20 万	不确定	
土地使用权	生产部门	200 万	50 年	
土地使用权	管理部门	300 万	50 年	
用友财务软件	管理部门	2 万	5 年	

会计：张　欣　　　　　复核：刘　彀　　　　　制单：张　欣

凭证8-4 $\frac{1}{2}$

浙江紫光喷涂设备有限责任公司六届十六次董事会决议

　　浙江紫光喷涂设备有限责任公司于 2020 年 12 月 31 日在公司会议室召开董事会会议。应参加会议董事为 5 人，实际参加会议董事 5 人，符合公司章程规定，会议有效。会议审议通过了以下决议。

　　1. ……

　　2. ……

　　3. 2019 年 1 月 8 日购入的数控精密切割技术装置专利，截至 2020 年 12 月 31 日，账面价值为 _____ 元。由于新技术的产生，该专利权预计未来现金流量降低为 10 万元，预计 2020 年 12 月 31 日的公允价值减去处置费用后的净额为 9 万元，其可收回金额为 _____。账面价值小于可收回金额，该项专利权已发生减值。根据《企业会计准则》，按账面价值和可收回金额的差额计提减值准备 _____。

　　……

　　本决议符合《中华人民共和国公司法》的规定。

出席会议的董事签名：紫欧光阳　赵昀　李达　江建　陈宇

2020 年 12 月 31 日

凭证8-4$\frac{2}{2}$

无形资产减值计算表

2020年12月31日　　　　　　　　　　　　　　　　　金额单位：元

项目	无形资产原值	累计折旧	已提减值准备	预计可收回金额	计提减值准备
合计					

会计：张　欣　　　　　　复核：刘　彀　　　　　　　制单：张　欣

凭证8-5$\frac{1}{3}$

浙江省增值税专用发票　　No 33241678

记账联

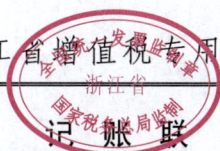

开票日期：2021年04月03日

购货单位	名　称：杭州萧山办公设备有限公司 纳税人识别号：330181712521342 地址、电话：萧山区新塘街道霞江村　0571-82792316 开户行及账号：工行萧山北干支行　201000010503827	密码区	（略）

货物或应税劳务名称	规格型号	单位	数量	单价	金额	税率	税额
专利权			1	100000.00	100000.00	6%	6000.00

价税合计（大写）	壹拾万陆仟元整	（小写）¥106000.00

销货单位	名　称：浙江紫光喷涂设备有限责任公司 纳税人识别号：330166540057666 地址、电话：浙江省杭州市滨文路1202号　0571-80118666 开户行及账号：中国工商银行杭州钱江支行　1202023419100002998	备注	

收款人：　　　　复核：　　　　开票人：张　欣　　　　销货单位：

（浙江紫光喷涂设备有限责任公司 330166540057666 发票专用章）

第一联　记账联　销货方记账凭证

凭证8-5$\frac{2}{3}$

无形资产转让损益计算表

2021 年 04 月 03 日　　　　　　　　　　　　　　　　金额单位：元

项目	数控精密切割技术装置专利	受让单位	杭州萧山办公设备有限公司
无形资产原值		累计摊销	
减值准备		转让收入	
转让税费		净收益	

会计：张　欣　　　　　　复核：刘　彀　　　　　　　制单：张　欣

凭证8-5 $\frac{3}{3}$

中国工商银行　进账单3

2021 年 04月 03日（收账通知）

出票人	全称	杭州萧山办公设备有限公司											
	账号	201000010503827											
	开户银行	工商银行萧山北干支行											
金额	人民币（小写）		亿	千	百	十	万	千	百	十	元	角	分
					¥	1	0	6	0	0	0	0	0
收款人	全称	浙江紫光喷涂设备有限责任公司											
	账号	12020234191 00002998											
	开户银行	中国工商银行杭州钱江支行											
票据种类		转账支票			票据张数			1					
票据号码		43210090											

凭证8-6

转账支票

中国工商银行 转账支票存根（浙） CM/02 05337501 附加信息 ＿＿＿＿＿＿＿＿ ＿＿＿＿＿＿＿＿ 出票日期：　年　月　日 收款人：＿＿＿＿ 金　额：＿＿＿＿ 用　途：＿＿＿＿ 单位主管：　会计：	○○ 中国工商银行转账支票（浙）　CM/02 05337501

签发日期（大写）　　年　月　日　　　付款行名称：

收 款 人：＿＿＿＿＿＿＿　　出票人账号：

人民币（大写）		千	百	十	万	千	百	十	元	角	分

用途：＿＿＿＿＿
上列款项请从我账户内支付

出票人签章：　　　复核：　　　记账：

凭证8 7

中国工商银行　进账单3

2019 年 06月 30日（收账通知）

出票人	全称	浙江锦天投资有限公司											
	账号	42330888340011											
	开户银行	工商银行西湖支行											
金额	人民币（小写）		亿	千	百	十	万	千	百	十	元	角	分
					¥	6	5	0	0	0	0	0	0
收款人	全称	浙江紫光喷涂设备有限责任公司											
	账号	12020234191 00002998											
	开户银行	中国工商银行杭州钱江支行											
票据种类		转账支票			票据张数			1					
票据号码		43210132											

凭证8-8

折旧计算表

名称：写字楼　　　　　　　　　　　　　　　　　　　　　　　金额单位：元

年次	原值	使用年限	应提折旧金额	净值

凭证8-9

中国工商银行　进账单3

2021 年 12 月 01 日（收账通知）

出票人	全称	浙江鸿达实业有限公司											
	账号	393308889611061											
	开户银行	建设银行西湖支行											
金额	人民币 （小写）	亿	千	百	十	万	千	百	十	元	角	分	
		¥	2	3	0	0	0	0	0	0	0	0	
收款人	全称	浙江紫光喷涂设备有限责任公司											
	账号	12020234191000002998											
	开户银行	中国工商银行杭州钱江支行											
票据种类		转账支票			票据张数		1						
票据号码		63211169											

凭证8-10

投 资 性 房 地 产 计 算 表

2021 年 12 月 01 日　　　　　　　　　　　　　　　　　　　　　单位：元

项　目	金　额
投资性房地产原值	
投资性房地产累计折旧	
投资性房地产账面价值	

项目九 │ 流动负债核算实训资料

凭证9-1$\frac{1}{2}$

浙江省增值税专用发票

№ 01250578

发票联

开票日期: 2019年06月02日

购货单位	名　称	浙江紫光喷涂设备有限责任公司				密码区		(略)		第三联 发票联 购货方记账凭证
	纳税人识别号:	330166540057666								
	地址、电话:	浙江省杭州市滨文路1202号　0571-80118666								
	开户行及账号:	中国工商银行杭州钱江支行　1202023419100002998								

货物或应税劳务名称	规格型号	单位	数量	单价	金额	税率	税额
镀锌板		千克	3000	30.00	90000.00	16%	14400.00

价税合计(大写)	壹拾万肆仟肆佰元整	(小写) ¥104400.00

销货单位	名　称	顺达金属制品有限责任公司	备注	
	纳税人识别号:	330001000001988		顺达金属制品有限责任公司
	地址、电话:	解放路14号　88389911		330001000001988
	开户行及账号:	工行滨江解放路分理处　56330355321		发票专用章

收款人: 　　　复核: 　　　开票人: 徐立 　　　销货单位: (章)

凭证9-1$\frac{2}{2}$

银行承兑汇票（存根联）

出票日期　　年　月　日
（大写）

00342319

出票人全称		收款人	全称	
出票人账号			账号	
付款行全称			开户银行	
出票金额	人民币（大写）			千 百 十 万 千 百 十 元 角 分
汇票到期日（大写）	年　月　日	付款行	行号	115
承兑协议编号			地址	汇票专用章

本汇票请你行承兑，到期无条件付款。 出票人签章　紫欧光阳　浙江紫光喷涂设备有限责任公司 财务专用章	本汇票已经承兑，到期日由本行付款。 承兑行签章　张函 年　月　日	复核　记账

此联签发人留存

179

凭证9-2 $\frac{1}{2}$

借款借据（借方传票）

借款日期：2019年06月04日　　　　　　　　　　　　　　　　借款编号：691678

<table>
<tr><td rowspan="3">收款单位</td><td>名　称</td><td colspan="4">浙江紫光喷涂设备有限公司</td><td rowspan="3">付款单位</td><td>名　称</td><td colspan="9">中国工商银行杭州钱江支行</td></tr>
<tr><td>开户账号</td><td colspan="4">1202023419100002998</td><td>放款户账号</td><td colspan="9">622000012746352</td></tr>
<tr><td>开户银行</td><td colspan="4">工行杭州钱江支行</td><td>开户银行</td><td colspan="9"></td></tr>
<tr><td rowspan="2">借款金额</td><td colspan="5">人民币
（大写）壹佰伍拾万元整</td><td>千</td><td>百</td><td>十</td><td>万</td><td>千</td><td>百</td><td>十</td><td>元</td><td>角</td><td>分</td></tr>
<tr><td colspan="5"></td><td colspan="2">￥ 1</td><td>5</td><td>0</td><td>0</td><td>0</td><td>0</td><td>0</td><td>0</td><td>0</td></tr>
<tr><td>借款原因及用途</td><td colspan="5">生产周转资金</td><td colspan="2">借款期限</td><td colspan="8">2019.06.04-2019.12.03</td></tr>
<tr><td colspan="6">兹根据你行贷款办法规定，申请办理上述借款，请核定贷给。
　　　　　　　　　　　此致

（借款单位预留印鉴）</td><td colspan="10">会计分录：
　　　（借）

　　　（贷）
主管　　　　复核　　　　记账</td></tr>
</table>

凭证9-2 $\frac{2}{2}$

借款协议

借款单位：（以下简称借款方）浙江紫光喷涂设备有限公司

贷款单位：（以下简称贷款方）中国工商银行股份有限公司杭州钱江支行

借款方为生产需要，特向贷款方申请借款，经贷款方审核同意发放。为明确双方责任，恪守信用，特签订本合同，共同遵守。

第一，借款方向贷款方借款人民币（大写）壹佰伍拾万元整，期限六个月，从2019年06月04日至2019年12月03日，年利率为7.5%。自支用贷款之日起，按月计算利息，按季结息，到期归还本金。

第二，贷款方应如期向借款方发放贷款，否则，按违约数额和延期天数，付给借款方违约金。违约金数额的计算，与逾期贷款罚息相同，即为10%。

第三，贷款利率按年利率7.5%计算。

第四，借款方应按协议使用贷款，不得转移用途。否则，贷款方有权提前终止协议。

第五，借款方保证按借款合同所订期限归还贷款本息。如须延期，借款方应在贷款到期前3天，提出延期申请，经贷款方同意，办理延期手续。但延期最长不得超过原订合同期限的一半。贷款方未同意延期或未办理延期手续的逾期贷款，加收罚息。

第六，借款方以房产，价值600万元，作为借款抵押，产权证件由贷款方保管（或公证机关保管）。公证费由借款方负担。

第七，贷款到期，借款方未归还贷款，又未办理延期手续，贷款方有权依照法律程序处理借款方作为贷款抵押的物资和财产，抵还借款本息。

第八，本合同书正本2份，借、贷方各执1份。

第九，本合同自签订之日起生效，贷款本息全部偿清后失效。

协议各方签章：

借款单位（人）：浙江紫光喷涂设备有限公司

贷款单位：中国工商银行股份有限公司
　　　　　杭州钱江支行

负责人：紫欧光阳　　　　　　　　审批组长：徐家龙

签约日期：2019年06月04日　　　　签约日期：2019年06月04日

凭证9-3$\frac{1}{3}$

股权增资协议

浙江合众机械设备有限公司系上海佳菲汽配有限责任公司和滨江通达汽配有限责任公司共同设立的有限责任公司，注册资本 760 万元。现浙江紫光喷涂设备有限责任公司拟对浙江合众机械设备有限公司增资。为此，特签订本协议。

一、增资

经浙江合众机械设备有限公司股东会审议同意浙江紫光喷涂设备有限责任公司对浙江合众机械设备有限公司增资。浙江紫光喷涂设备有限责任公司以自产产品 AK-15 静电喷涂设备 5 套出资，经评估每套市场价格为 120 000 元，总计 600 000 元，增值税 96 000.00 元。经协商，浙江紫光喷涂设备有限责任公司出资额占浙江合众机械设备有限公司 40% 的注册资本。

本协议在获得浙江紫光喷涂设备有限责任公司股东会批准后生效。

二、增资后的盈利分配等事项（略）

三、有关费用负担（略）

四、违约责任（略）

五、争议解决（略）

协议各方签章：

滨江通达汽配有限责任公司　　　　　　　　上海佳菲汽配有限责任公司

法人代表：　尹　羽　　　　　　　　　　　法人代表：　叶　思

滨江通达汽配有限责任公司　　　　　　　　浙江紫光喷涂设备有限责任公司

滨法人代表：　赵　达　　　　　　　　　　法人代表：　紫欧　光阳

2019 年 06 月 11 日

凭证9-3$\frac{2}{3}$

浙江省增值税专用发票

№ 00750798

记账联

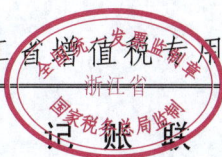

开票日期: 2019年06月11日

购货单位	名　　称：浙江合众机械设备有限公司
	纳税人识别号：430101167860331
	地　址、电话：杭州市中山路145号 28320030
	开户行及账号：工行中山路支行 00022713447

密码区　　　　（略）

第一联 记账联 销货方记账凭证

货物或应税劳务名称	规格型号	单位	数量	单价	金额	税率	税额
AK-15静电喷涂设备		套	5	120000.00	600000.00	16%	96000.00

价税合计（大写）	陆拾玖万陆仟元整	￥696000.00

销货单位	名　　称：浙江紫光喷涂设备有限责任公司
	纳税人识别号：330166540057666
	地　址、电话：浙江省杭州市滨文路1202号 0571-80118666
	开户行及账号：中国工商银行杭州钱江支行 1202023419100002998

备注

收款人：　　　　复核：　　　　开票人：张 欣　　　　销货单位：（章）

凭证9-3$\frac{3}{3}$

产品出库单

2019 年 06 月 11 日

购货单位：浙江合众机械设备有限公司　　　　　　　　编号：080033

产品编号	产品名称	单位	数量	单价（元）	金额（元）	备注
0045	AK-15 静电喷涂设备	套	5	120 000.00	600 000.00	对外投资

发货人：丁 一　　　　　　　　　　　　　　制单：张 欣

凭证9-4

浙江省增值税专用发票

№ 00750799

记账联

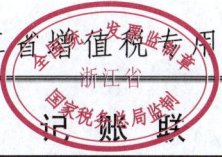

开票日期: 2019年06月12日

购货单位	名　　称：深圳来宝柜业有限公司
	纳税人识别号：430101167860331
	地　址、电话：深圳市罗湖区人民北路3068号 0755-82223555
	开户行及账号：工行深圳分行 060005300908801215

密码区　　　　（略）

第一联 记账联 销货方记账凭证

货物或应税劳务名称	规格型号	单位	数量	单价	金额	税率	税额
EK-03喷淋设备		台	2	25000.00	50000.00	16%	8000.00

价税合计（大写）	伍万捌仟元整	￥58000.00

销货单位	名　　称：浙江紫光喷涂设备有限责任公司
	纳税人识别号：330166540057666
	地　址、电话：浙江省杭州市滨文路1202号 0571-80118666
	开户行及账号：中国工商银行杭州钱江支行 1202023419100002998

备注

收款人：　　　　复核：　　　　开票人：张 欣　　　　销货单位：（章）

凭证9-5 $\frac{1}{2}$

3100054140　　　　深圳市增值税专用发票　　　№ 00102312

发票联

开票日期: 2019年06月15日

购货单位	名　称： 浙江紫光喷涂设备有限责任公司
	纳税人识别号： 330166540057666
	地址、电话： 浙江省杭州市滨文路1202号　0571-80118666
	开户行及账号： 中国工商银行杭州钱江支行　1202023419100002998

密码区　（略）

货物或应税劳务名称	规格型号	单位	数量	单价	金额	税率	税额
离心风机		台	5	1250.00	6250.00	16%	1000.00

价税合计（大写）　柒仟贰佰伍拾元整　　　　　　　　　　¥7250.00

销货单位	名　称： 深圳新星风机厂
	纳税人识别号： 310101073230238
	地址、电话： 深圳宝山区1225号　28341223
	开户行及账号： 工行深圳分理处　552389118

备注

第三联　发票联　购货方记账凭证

收款人：　　　　复核：　　　　开票人：殷辉　　　　销货单位：（章）

深圳新星风机厂
310101073230238
发票专用章

凭证9-5 $\frac{2}{2}$

转账支票

中国工商银行	中国工商银行 转账支票 （浙）　CM/02 05358079
转账支票存根（浙）	签发日期（大写）　　年　月　日　　付款行名称：
CM/02 05358079	收款人：＿＿＿＿＿＿＿　出票人账号：

人民币		千	百	十	万	千	百	十	元	角	分
（大写）											

附加信息＿＿＿＿＿＿＿＿＿＿

＿＿＿＿＿＿＿＿＿＿＿＿＿＿＿＿

用途：＿＿＿＿＿＿

上列款项请从我账户内支付

出票日期：　年　月　日

收款人：＿＿＿＿＿＿＿

金　额：＿＿＿＿＿＿＿

用　途：＿＿＿＿＿＿＿

紫欧光阳

浙江紫光喷涂设备有限责任公司
财务专用章

单位主管：　会计：　　　　出票人签章：　　　复核：　　　记账：

凭证9-6$\frac{1}{2}$

浙江省国家税务局通用手工发票

发　票　联

发票代码：233000780113

发票号码：23098745

开票日期：2019 年 06 月 18 日

付款户名：浙江紫光喷涂设备有限公司

项目内容	规格	单位	数量	单价	金额					备注
					百	十	元	角	分	
办公用品			1	500.00	5	0	0	0	0	
合计人民币 （大写）伍佰元整					5	0	0	0	0	

杭州前进文化用品公司财务专用章

收款单位名称：杭州前进文化用品公司

收款单位税号：330003752061608

开票人： 张　翔

第二联：发票联

凭证9-6$\frac{2}{2}$

费 用 报 销 单

报销日期：2019 年 06 月 18 日

附件　5　张

费 用 项 目	类 别	金 额（元）	负责人（签章）	吴宝亮
福利费	慰问品	500.00	审查意见	同意
			报销人（签章）	吴　芸
报销金额合计		¥500.00		
核实金额（大写）× 万 × 仟 伍 佰 零 拾 零 元 零 角 零 分			¥500.00	

现金付讫

审核： 张　欣　　　　　出纳： 李　研

凭证9-7$\frac{1}{2}$

实存账存对比表

2019 年 06 月 30 日

金额单位：元

名称	计量单位	单价	实存数		账存数		实存与账存对比				备注
			数量	金额	数量	金额	盘盈		盘亏		
							数量	金额	数量	金额	
……	……	……	……	……	……	……	……	……	……	……	……
温控表	支	30	3 198	95 940	3 200	96 000			2	60	计量差错
传感器	支	40	3 705	148 200	3 710	148 400			5	200	失窃
……	……	……	……	……	……	……	……	……	……	……	……
合计											

会计人员签章： 张　欣　　　　　　　　　　　　稽核人员签章： 张　祥

凭证9-7 $\frac{2}{2}$

材料盘盈盘亏报告单

部门：2号仓库　　　　　　　　2019 年 06 月 30 日　　　　　　　金额单位：元

编号	品名规格	单位	账面数量	实存数量	盘盈		盘亏		原因
					数量	金额	数量	金额	
1	温控表	支	3200	3198			2	60	计量不准
2	传感器	支	3710	3705			5	200	失窃
…	……		……	…	…	…	…	…	…

处理意见	收发计量差错造成的盘亏计入"管理费用"；传感器失窃 5 支，属非正常原因造成的损失，计入"营业外支出"。 清查小组组长：李 达
审批意见	同意清查小组意见 总经理：余伟林

三 财会入账联

凭证9-8

应交增值税计算表

2019 年 06 月 30 日　　　　　　　金额单位：元

项　目		计税金额	适用税率	税　额	备　注
销项	应税货物 货物名称				
	小　计				
	应税劳务 劳务名称				
	小　计				
进项	本期进项税额发生额				
	进项税额转出				
	1.				
	2.				
期初留抵税额					
本月应纳税额					

会计：张 欣　　　　　　复核：刘 嬔　　　　　　制单：张 欣

凭证9-9

城市维护建设税、教育费附加计算表

2019 年 06 月 30 日

金额单位：元

名称	计税税额	应纳城建税（7%）	应纳教育附加费（2%）	合计
合计				

会计：张　欣　　　　　　复核：刘　弢　　　　　　制单：张　欣

凭证9-10

工资结算汇总分配表

2019年06月30日

单位名称：浙江紫光喷涂设备有限责任公司　　　　　　金额单位：元

部　门		应付工资					代扣款项				实发工资
		基本工资	应扣工资	综合奖金	夜班津贴	应付工资	房租	社保（11%）	公积金（12%）	个人所得税	
生产一部	生产工（计时）	205 880.00	3 500.00	20 950.00	26 300.00	249 630.00	30 000.00	27 459.30	29 955.60	1 033.02	161 182.08
	管理人员	16 570.00				16 570.00		1 822.70	1 988.40	827.67	12 758.60
生产二部	生产工（计时）	156 830.00	2 600.00	15 600.00	10 510.00	185 540.00	37 500.00	20 409.40	22 264.80	326.58	105 039.22
	管理人员	19 080.00				19 080.00		2 098.80	2 289.60	259.24	14 433.16
行政管理部门		88 350.00				88 350.00		9 718.50	10 602.00	2 195.90	65 833.60
销售部门		46 700.00				46 700.00		5 137.00	5 604.00	1 885.90	35 632.42
合　计		533 410.00	6 100.00	36 550.00	36 810.00	605 870.00	67 500.00	66 644.90	72 704.40	6 528.31	394 879.08

会计：张　欣　　　　　　复核：刘　弢　　　　　　制单：张　欣

凭证9-11

社会保险及工会经费、职工教育经费计提汇总表

2019年06月30日

金额单位：元

项目		计提基数	发生的职工福利费	医疗保险费（11.5%）	生育保险费（1.2%）	工伤保险费（0.8%）	养老保险费（14%）	失业保险费（2%）	住房公积金（12%）	工会经费（2%）	职工教育经费（1.5%）	合计
生产一部	生产工人		208 600.00									
	管理人员		13 518.00									
生产二部	生产工人		150 320.00									
	管理人员		15 960.00									
行政管理部门			72 280.00									
销售部门			38 828.00									
合　计			499 506.00									

会计：张　欣　　　　　　复核：刘　弢　　　　　　制单：张　欣

凭证9-12

短期借款利息计提表

2019 年 6 月 30 日　　　　　　　　　　　　　　　　金额单位：元

借款银行	借款日	到期日	本金	年利率	本月计提利息	备　注
中国农业银行	2018 年 8 月 5 日	2019 年 8 月 4 日	200 万	8%		利随本清
中国工商银行	2018 年 11 月 1 日	2019 年 10 月 31 日	300 万	9%		利随本清
合计						

会计： 张　欣　　　　　　复核： 刘　弢　　　　　　制单： 张　欣

项目十 | 非流动负债核算实训资料

凭证10-1$\frac{1}{2}$

债券发行承销协议书

发行债券单位（甲方）：浙江紫光喷涂设备有限责任公司

债券发行承销单位（乙方）：浙江信托投资股份有限公司

　　为解决甲方因自有资金不足的困难，保证企业生产经营的正常进行，经中国人民银行浙江分行批准，发行企业债券 4 000 万元（面值），期限为 3 年，年利率为 5.6%，发行价格为 3 800 万元，委托乙方采用包销方式代理发行，为明确经济责任，经双方协商，达成如下协议。

　　一、甲方为企业债券的债务人，承担债券的全部风险和经济、法律责任。

　　二、乙方为甲方债券发行的代理人，负责债券的发行、兑付工作，但不承担债券到期不能按时兑付本息的经济责任和法律责任。

　　三、在债券发行完毕后，甲方向乙方支付 40 万元的承销费。债券发行完毕五日内，乙方将扣除手续费后的债券发行款划入甲方账户。

　　……

发行债券单位
（甲方）印章　　　　　　　　　　　　债券发行承销单位
　　　　　　　　　　　　　　　　　　　（乙方）印章

法人代表章　紫欧光阳　　　　　　　　　法人代表章　吴昊瑞

2016 年 10 月 30 日

凭证10-1$\frac{2}{2}$

中国工商银行电汇凭证（收款通知或取款收据）4

委托日期 2016 年 12 月 31 日

第　5690　号

应解汇款编号 897

汇款人	全称	浙江信托投资股份有限公司		收款人	全称	浙江紫光喷涂设备有限责任公司		
	账号或住址	56011703333			账号或住址	1202023419100002998		
	汇出地点	浙江省上城区市县	汇出行名称 工行西湖支行		汇入地点	浙江省杭州市县	汇入行名称	工行杭州钱江支行

金额	人民币（大写）叁仟柒佰陆拾万元整	亿 千 百 十 万 千 百 十 元 角 分
		¥ 3 7 6 0 0 0 0 0 0 0

汇款用途	发行债券款	留行待取预留收款人印鉴
上列款项已代进账，如有错误，请持此联来行面洽　此致	上列款项已收妥。	科目（借）_____ 对方科目（贷）_____
汇出行盖章		
2016年12月31日	（收款人盖章）年　月　日	汇出行汇出日期　年　月　日 复核　出纳　记账

（印章：中国工商银行杭州钱江支行 2016.12.31 转讫）

此联是给收款人的收账通知或代取款收据

凭证10-2

转账支票

中国工商银行 转账支票存根（浙） CM/02 05358108		中国工商银行 转账支票（浙）　CM/02 05358108

中国工商银行		
转账支票存根（浙）	签发日期（大写）　年　月　日	付款行名称：
CM/02 05358108	收款人：_____	出票人账号：
附加信息_____	人民币（大写）	千 百 十 万 千 百 十 元 角 分
出票日期：　年　月　日	用途	
收款人：_____	上列款项请从我账户内支付	
金　额：_____		
用　途：_____		
单位主管：　会计：	出票人签章（印章：紫欧光阳）　复核：　记账：（印章：浙江紫光喷涂设备有限责任公司 财务专用章）	

凭证10-3

利息费用计提表

2017 年 12 月 31 日

金额单位：元

会计期间	应付利息	利息费用	摊销的利息调整	应付债券摊余成本
2017 年 1 月 1 日				
2017 年 12 月 31 日				

会计：张　欣　　　　复核：刘　弢　　　　制单：张　欣

凭证10-4

中国工商银行电汇凭证（收款通知或取款收据）4

第　0102　号

委托日期 2018 年 01 月 10 日

应解汇款编号 070

汇款人	全称	浙江紫光喷涂设备有限责任公司			收款人	全称	浙江信托投资股份有限公司		
	账号或住址	1202023419100002998				账号或住址	56011703333		
	汇出地点	浙江省杭州市县	汇出行名称	工行杭州钱江支行		汇入地点	浙江省上城区市县	汇入行名称	工行滨江高新支行

金额	人民币（大写）					千	百	十	万	千	百	十	元	角	分

汇款用途	发行债券款	留行待取预留收款人印鉴
上列款项已代进账，如有错误请持此联来行面洽　此致　汇入行盖章　2018年01月10日	上列款项已收妥。（收款人盖章）年 月 日	科目（借）_____ 对方科目（贷）_____ 汇出行汇出日期　年 月 日　复核　出纳　记账

（印章）中国工商银行杭州钱江支行　2018.01.10　转讫

凭证10-5 $\frac{1}{2}$

固定资产验收单

编号：09-234

名称	厂房	出厂编号	15126
型号（规格）		原值（元）	
生产厂家	浙江绿地建筑工程有限公司	购入日期	2018年12月31日

主要技术参数：略
随机附件及数量：略
随机资料：略
设备安装调试情况：办理竣工验收手续
设备验收结论：厂房达到预定可使用状态

参加验收人员：	金建华　李达　张明　叶文　孙云
备注：	
保管部门签章：	金建华　日期：2018.12.31
使用部门签章：	孙云　日期：2018.12.31

（一式三份，资产管理部门一份，使用部门一份，生产厂家一份）

凭证10-5 $\frac{2}{2}$

转账支票

<table>
<tr>
<td colspan="2">中国工商银行
转账支票存根（浙）
CM/02 88723128</td>
<td colspan="3">中国工商银行转账支票（浙）　CM/02 88723128</td>
</tr>
<tr>
<td colspan="2" rowspan="6">附加信息

出票日期：　年　月　日
收款人：
金　额：
用　途：
单位主管：　会计：</td>
<td colspan="3">签发日期（大写）　年　月　日　付款行名称：
收款人：＿＿＿＿＿＿　出票人账号：</td>
</tr>
</table>

签发日期（大写）　年　月　日　付款行名称：
收款人：＿＿＿＿＿＿＿＿＿＿　出票人账号：

人民币　（大写）　　千百十万千百十元角分

用途：＿＿＿＿＿＿＿
上列款项请从我账户内支付

出票人签章　紫欧光阳　复核：　记账：

凭证10-6

利息费用计提表

2018 年 12 月 31 日　　　　　　　　金额单位：元

会计期间	应付利息	利息费用	摊销的利息调整	应付债券摊余成本
2018 年 1 月 1 日				
2018 年 12 月 31 日				
2019 年 12 月 31 日				

会计：张　欣　　　复核：刘　弢　　　制单：张　欣

凭证10-7

中国工商银行**电汇**凭证（收款通知或取款收据）4　　第　0101　号

委托日期 2019 年 01 月 10 日　　　　应解汇款编号 078

<table>
<tr>
<td rowspan="3">汇款人</td>
<td>全称</td>
<td colspan="3">浙江紫光喷涂设备有限责任公司</td>
<td rowspan="3">收款人</td>
<td>全称</td>
<td colspan="3">浙江信托投资股份有限公司</td>
<td rowspan="9">此联是给收款人的收账通知或代取款收据</td>
</tr>
<tr>
<td>账号或住址</td>
<td colspan="3">12020234191000002998</td>
<td>账号或住址</td>
<td colspan="3">56011703333</td>
</tr>
<tr>
<td>汇出地点</td>
<td>浙江省杭州市（县）</td>
<td>汇出行名称</td>
<td>工行钱江支行</td>
<td>汇入地点</td>
<td>浙江省滨江市县</td>
<td>汇入行名称</td>
<td>工行滨江高新支行</td>
</tr>
<tr>
<td>金额</td>
<td colspan="4">人民币（人写）</td>
<td colspan="4">千百十万千百十元角分</td>
</tr>
<tr>
<td colspan="5">汇款用途
上列款项已代进账，如有错误，请持此联来行面洽。此致
汇入行盖章</td>
<td colspan="4">支付债券利息　　　留行待取预留收款人印鉴
上列款项已收妥。
科目（借）＿＿＿＿
对方科目（贷）＿＿＿＿
（收款人盖章）
　年　月　日</td>
</tr>
</table>

中国工商银行杭州钱江支行
2019.01.10
转讫
2019 年 01 月 10 日

汇出行汇出日期　年　月　日
复核　　出纳　　记账

凭证10-8

利息费用计提表

2019 年 12 月 31 日　　　　　　　　　　金额单位：元

会计期间	应付利息	利息费用	摊销的利息调整	应付债券摊余成本
2017 年 1 月 1 日				
2017 年 12 月 31 日				
2018 年 12 月 31 日				
2019 年 12 月 31 日				

会计：　张　欣　　　　　　复核：　刘　弢　　　　　　制单：　张　欣

凭证10-9

中国工商银行电汇凭证（收款通知或取款收据）4　　　第　0101　号

委托日期 2020 年 01 月 10 日　　　　　　　应解汇款编号 078

汇款人	全称	浙江紫光喷涂设备有限责任公司			收款人	全称	浙江信托投资股份有限公司		
	账号或住址	1202023419100002998				账号或住址	56011703333		
	汇出地点	浙江省杭州市（县）	汇出行名称	工行钱江支行		汇入地点	浙江省滨江市（县）	汇入行名称	工行滨江高新支行

金额　人民币（大写）　　　　　　　　千 百 十 万 千 百 十 元 角 分

汇款用途	支付债券利息	留行待取预留收款人印鉴
上列款项已代进账，如有错误请持此联来行面洽　此致 汇出行盖章 2020年 01月 10日	上列款项已收妥。 （收款人盖章） 年　月　日	科目（借）_____ 对方科目（贷）_____ 汇出行汇出日期　年 月 日 复核　出纳　记账

中国工商银行杭州钱江支行
2020.01.10
转讫

项目十一 │ 所有者权益核算实训资料

凭证11-1$\frac{1}{4}$

投资协议书

甲方：滨江万深机械有限责任公司

乙方：浙江安信机电有限责任公司

经双方友好协商，根据中华人民共和国法律、法规的规定，就双方出资共同设立浙江紫光喷涂设备有限责任公司达成以下协议，以资共同遵守。

第一条　投资额和投资方式

甲方、乙方共同出资设立浙江紫光喷涂设备有限责任公司，出资总额为人民币1200万元，新设立公司注册资本为1 200万元。甲方以货币资金出资，出资额为780万元，占注册资本的65%；浙江安信机电有限责任公司认缴人民币420万元，占注册资本的35%，出资方式为数控精密机床10套，合同约定该机器设备的价值390万元，增值税进项税额为62.4万元。

甲方、乙方应于2018年6月10日前将上述出资额解入指定的银行：中国工商银行杭州钱江支行，账号12020234191000002998。

第二条　利润分享和亏损分担……

第三条　利润分享和亏损分担……

第四条　事务执行……

第五条　投资的转让……

第六条　其他权利和义务……

第七条　违约责任……

第八条　其他……

协议各方签章：

甲方：滨江万深机械有限责任公司　　　　　　乙方：浙江安信机电有限责任公司

法人代表：　韩　爽　　　　　　　　　　　　法人代表：　江　山

2018年6月1日

凭证11-1$\frac{2}{4}$

中国工商银行　进账单3

2018 年 6 月10 日（收账通知）

出票人	全称	滨江万深机械有限责任公司										
	账号	26088702542										
	开户银行	中国工商银行滨江高新支行										
金额	人民币（小写）	亿	千	百	十	万	千	百	十	元	角	分
收款人	全称	浙江紫光喷涂设备有限责任公司										
	账号	1202023419100002998										
	开户银行	中国工商银行杭州钱江支行										
票据种类	转账				票据张数		1					
票据号码	00806666											

中国工商银行杭州钱江支行
2018.06.10
转讫

凭证11-1$\frac{3}{4}$

浙江省增值税专用发票

№ 05437861

浙江省
发票专用章
浙江省
国家税务局监制

开票日期: 2018年06月10日

购货单位	名　称： 浙江紫光喷涂设备有限责任公司 纳税人识别号：330166540057666 地址、电话：浙江省杭州市滨文路1202号 0571-80118666 开户行及账号：中国工商银行杭州钱江支行 1202023419100002998	密码区	（略）

货物或应税劳务名称	规格型号	单位	数量	单价	金额	税率	税额
数控精密机床		套	10	390000.00	3900000.00	16%	624000.00
价税合计（大写）		肆佰伍拾贰万肆仟元整					¥4524000.00

销货单位	名　称： 浙江安信机电有限责任公司 纳税人识别号：330001167860457 地址、电话：滨江市高新路034号 88110265 开户行及账号：工行滨江高新支行 26938572594	备注	浙江安信机电有限责任公司 330001167860457 发票专用章

收款人： 　　复核： 　　开票人： 梁安邦 　　销货单位：（章）

第三联 发票联 购货方记账凭证

凭证11-1 $\frac{4}{4}$

固定资产验收单

编号：05-001

名称	数控精密机床	出厂编号	0568
型号（规格）		原　值（元）	3 900 000.00
生产厂家	浙江安信机电有限责任公司	购入日期	2018年06月10日
主要技术参数：略			
随机附件及数量：略			
随机资料：略			
设备安装调试情况：安装调试完成			
设备验收结论：工作正常，可正式投入使用			
参加验收人员：	金建华　李　达　张　明　叶　文　孙　云		
备注：			
保管部门签章：金建华　日期：2018.06.10 使用部门签章：孙　云　日期：2018.06.10			

（一式三份，资产管理部门一份，使用部门一份，生产厂家一份）

凭证11-2

债务重组协议

甲方：浙江紫光喷涂设备有限责任公司

乙方：远大钢铁贸易有限公司

　　截至2018年7月1日，甲方因向乙方购买设备积欠货款150万元，由于甲方流动资金短缺，短期内无力支付货款，经双方协商达成如下协议：乙方将应收甲方150万的货款转为对甲方的投资，占甲方注册资本120万元。

甲方：浙江紫光喷涂设备有限责任公司　　　　乙方：远大钢铁贸易有限公司

法人代表：紫欧光阳　　　　　　　　　　　　法人代表：梁飞飞

2018年7月1日

凭证11-3$\frac{1}{3}$

股权增资协议

　　浙江紫光喷涂设备有限责任公司是由滨江万深机械有限责任公司和浙江安信机电有限责任公司共同设立的有限责任公司，注册资本1 200万元。现浙江安信机电有限责任公司单方对浙江紫光喷涂设备有限责任公司增资。为此，特签订本协议。

　　一、增资

　　经浙江紫光喷涂设备有限责任公司股东会审议同意浙江安信机电有限责任公司以设备对浙江紫光喷涂设备有限责任公司单方增资，设备总价值174万元（含增值税），占公司注册资本150万元。增资后，浙江紫光喷涂设备有限责任公司注册资本为1 350万元，其中滨江万深机械有限责任公司出资780万元，浙江安信机电有限责任公司出资570万元。

　　本协议在获得浙江安信机电有限责任公司股东会批准后生效，浙江安信机电有限责任公司应将投资设备在2019年1月10日前移交浙江紫光喷涂设备有限责任公司。

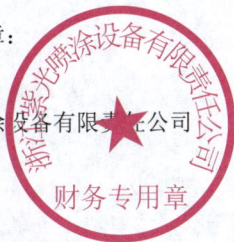

　　二、增资后的盈利分配等事项（略）

　　三、有关费用负担（略）

　　四、违约责任（略）

　　五、争议解决（略）

　　协议各方签章：

浙江紫光喷涂设备有限责任公司　　　　　　　　滨江万深机械有限责任公司

法人代表：　紫欧光阳　　　　　　　　　　　　法人代表：　韩　爽

浙江安信机电有限责任公司

法人代表：　江　山

2019 年 1 月 1 日

凭证11-3 $\frac{2}{3}$

浙江省增值税专用发票

№ 05437861

发 票 联

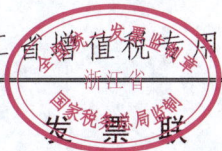

开票日期: 2019年01月01日

购货单位	名　　称	浙江紫光喷涂设备有限责任公司						密码区		
	纳税人识别号:	330166540057666								
	地址、电话:	浙江省杭州市滨文路1202号 0571-80118666							(略)	
	开户行及账号:	中国工商银行杭州钱江支行 1202023419100002998								

货物或应税劳务名称	规格型号	单位	数量	单价	金额	税率	税额
设备		台	10	150000.00	1500000.00	16%	240000.00

价税合计（大写）	壹佰柒拾肆万元整	￥1740000.00

销货单位	名　　称	浙江安信机电有限责任公司	备注
	纳税人识别号:	330001167860457	
	地址、电话:	滨江市高新路034号 88110265	
	开户行及账号:	工行滨江高新支行 26938572594	

收款人：　　　复核：　　　开票人： 梁安邦　　　销货单位：（章）

第三联 发票联 购货方记账凭证

浙江安信机电有限责任公司
330001167860457
发票专用章

凭证11-3 $\frac{3}{3}$

固 定 资 产 验 收 单

编号：05-001

名称	设备	出厂编号	0568
型号（规格）		原　值（元）	1 500 000.00
生产厂家	浙江安信机电有限责任公司	购入日期	2019年01月01日
主要技术参数：略			
随机附件及数量：略			
随机资料：略			
设备安装调试情况：安装调试完成			
设备验收结论：工作正常，可正式投入使用			
参加验收人员：	金建华　李达　张明　叶文　孙云		
备注：			
保管部门签章： 金建华	日期：2019年01月01日		
使用部门签章： 孙云	日期：2019年01月01日		

（一式三份，资产管理部门一份，使用部门一份，生产厂家一份）

凭证11-4

浙江紫光喷涂设备有限责任公司临时股东会决议

一、会议召开和出席情况

……

二、审议通过了以资本公积转增资本、盈余公积转增资本议案。

截至 2020 年 3 月 10 日，公司所有者权益状况如下：实收资本 1 470 万元，资本公积 320 万元，盈余公积 579 万元，未分配利润 290 万元。公司以现有资本为基数，以资本公积 120 万元转增资本，盈余公积 120 万元转增资本。

股东（授权代表）签章（略）

2020 年 03 月 10 日

项目十二 | 收入与费用核算实训资料

凭证12-1$\frac{1}{2}$

浙江省增值税专用发票　　No 01050641

开票日期：2019年06月02日

购货单位	名　称：杭州新新防盗设备有限公司 纳税人识别号：33000101267860421 地址、电话：滨江市惠民路45号 开户行及账号：滨江惠民路支行　56034612145		密码区	（略）			
货物或应税劳务名称	规格型号	单位	数量	单价	金额	税率	税额
喷淋设备	EK-03	台	5	25000.00	125000.00	16%	20000.00
价税合计（大写）	壹拾肆万伍仟元整				￥145000.00		
销货单位	名　称：浙江紫光喷涂设备有限责任公司 纳税人识别号：330166540057666 地址、电话：浙江省杭州市滨文路1202号　0571-80118666 开户行及账号：中国工商银行杭州钱江支行　1202023419100002998		备注				

收款人：　　复核：　　开票人：张　欣　　销货单位：（发票专用章）

第一联　记账联　销货方记账凭证

215

凭证12-1$\frac{2}{2}$

产品出库单

2019 年 06 月 02 日

购货单位：杭州新新防盗设备有限公司　　　　　　　　　　　　　　　　编号：140212

产品编号	产品名称	单位	数量	单价（元）	金额（元）	备注
0047	EK-03 喷淋设备	台	5	25 000.00	125 000.00	

发货人：　丁　一　　　　　　　　　　　　　　　　　　　　制单：　张　欣

凭证12-2$\frac{1}{2}$

委托代销合同

合同编号：023

2019年06月06日

甲方：浙江紫光喷涂设备有限责任公司　　　　乙方：美华机电城有限责任公司
所在地：浙江省杭州市滨文路 1202 号　　　　所在地：滨江南京路 22 号
法定代表人：欧阳紫光　　　　　　　　　　法定代表人：文海洋
开户银行：中国工商银行杭州钱江支行　　　　开户银行：工商银行滨江南京路支行
账号：1202023419100002998　　　　　　账号：43012752242
委托代理人：红建　　　　　　　　　　　　委托代理人：沈佳
联络方式：13911008888　　　　　　　　联络方式：13967382222

一、甲方委托乙方代销 EK-03 喷淋设备 50 台，甲方按每台 20 000 元的价格向乙方供货，由乙方根据市场情况自行确定对外销售价格。供销差价由乙方享有或承担。

二、交货地点：由甲方托运直拨至购货单位。

三、结算办法：每月 15 日前，乙方向甲方出具代销清单，结算上月货款。

四、甲方代销商品应与样品相符，保质保量。因质量造成的损失，均由甲方负责。

五、本协议一式两份，甲、乙双方各持一份，双方签字盖章后即生效。

……

十、其他条款

……

凭证12-2$\frac{2}{2}$

产品出库单

2019 年 06 月 06 日

购货单位：美华机电城有限责任公司　　　　　　　　　　　　　　　　编号：140212

产品编号	产品名称	单位	数量	单价（元）	金额（元）	备注
0047	EK-03 喷淋设备	台	5	20 000.00	100 000.00	

发货人：　丁　一　　　　　　　　　　　　　　　　　　　　制单：　张　欣

凭证12-3$\frac{1}{2}$

委托代销合同

合同编号：024

2019年06月06日

甲方：浙江紫光喷涂设备有限责任公司　　　　乙方：美华机电城有限责任公司

所在地：浙江省杭州市滨文路 1202 号　　　　所在地：滨江南京路 22 号

法定代表人：欧阳紫光　　　　　　　　　　　法定代表人：文海洋

开户银行：中国工商银行杭州钱江支行　　　　开户银行：工商银行滨江南京路支行

账号：1202023419100002998　　　　　　　　账号：43012752242

委托代理人：程建　　　　　　　　　　　　　委托代理人：沈佳

联络方式：13911008888　　　　　　　　　　　联络方式：13967382222

　　一、甲方委托乙方代销 HK-01 烘干设备 30 台，代销价格由甲方确定，每台 15 000 元，乙方应按甲方规定的价格销售。价格如有调整，甲方随时通知乙方。

　　二、交货地点：由甲方托运直拨至购货单位。

　　三、手续费收取与结算按下列办法：按销货款总额（不含增值税）10 % 收取手续费，每月 15 日前结算上月货款及手续费，乙方代销手续费直接从甲方货款中扣除。

　　四、甲方代销商品应与样品相符，保质保量，代销数量、规格、价格，有效期内如有变更，甲方必须及时通知乙方，通知到达前，已由乙方签出的合同，应照旧履行。如因质量或供货不及时造成的损失，均由甲方负责。

　　五、本协议一式两份，甲、乙双方各持一份，双方签字盖章后即生效。

　　……

　　十、其他条款

　　……

凭证12-3$\frac{2}{2}$

产品出库单

2019 年 06 月 06 日

购货单位：美华机电城有限责任公司　　　　　　　　　　　　　　　编号：1406212

产品编号	产品名称	单位	数量	单价（元）	金额（元）	备注
0045	HK-01 烘干设备	台	30	15 000.00	450 000.00	委托代销

发货人：丁　一　　　　　　　　　　　　　　　　　　制单：张　欣

凭证12-4

中华人民共和国
税收通用完税证

注册类型：有限责任公司　　　　填制日期：2019 年 06 月 07 日　　　　征收机关：杭州市地税局第一分局

纳税人代码		330001167860331			地址		浙江省滨江市高新路 202 号								
纳税人名称		浙江紫光喷涂设备有限责任公司			税款所属时期		2019 年 6 月								
税种	课税数量	计税金额销售收入	税率或单位税额	已缴或扣除额	实缴税额										
					百	十	万	千	百	十	元	角	分		
印花税									8	0	0	0	0		
合计								¥	8	0	0	0	0		
金额合计	（大写）人民币　零 仟 零 佰 零 拾 零 万 零 仟 捌 佰 零 拾 零 元 零 角 零 分														
缴款单位（人）盖章		税务机关（盖章）			备注										
经办人（章）		填票人（章）													

（印章：杭州市地税局第一分局 征税专用）

（印章：现金付讫）

凭证12-5 $\frac{1}{2}$

浙江省杭州市服务业统一发票
发票联

（印章：全国统一发票监制 浙江省 地方税务局监制）

发票代码：233000970813

发票号码：01864134

开票日期：2019 年 06 月 10 日

付款户名	浙江紫光喷涂设备有限责任公司			付款方式	转账支票							
服务项目及摘要	单位	数量		单价	金额（元）							
					十	万	千	百	十	元	角	分
物业费						3	2	0	0	0	0	0
合计金额	（大写）人民币叁万贰仟元整				¥	3	2	0	0	0	0	0
开票单位	绿城物业管理公司（盖章有效）			备注								

（印章：绿城物业管理公司 330001377224300 发票专用章）

开票人：王　立　　　　　　　　收款人：张　莉

凭证12-5$\frac{2}{2}$

转账支票

中国工商银行
转账支票存根（浙）
CM/02 05358063

附加信息
_____
_____

出票日期：　年　月　日
收款人：_____
金　额：_____
用　途：_____
单位主管：　会计：

中国工商银行**转账支票**（浙）　CM/02 **05358063**

签发日期（大写）　　年　月　日　　付款行名称：

收款人：_____　出票人账号：

人民币		千	百	十	万	千	百	十	元	角	分
（大写）											

用途：_____

上列款项请从我账户内支付

出票人签章：紫欧光阳　　复核：　　　　记账：

凭证12-6$\frac{1}{3}$

浙 江 省 滨 江 市 国 家 税 务 局

企业进货退出及索取折让证明单

金额单位：元

销货单位	全　称	浙江紫光喷涂设备有限责任公司				
	税务登记号	330166540057666				
进货退出	货物名称	单　价	数　量	货　款		税　额
索取折让	货物名称	货　款	税　额	要　求		
				折让金额		折让税额
	EK-03 喷淋设备	25 000.00	4 000.00	1 250.00		200.00
退货或索取折让理由	质量与合同不符。 经办人：李容华 单位盖章 2019 年 06 月 11 日		税务征收机关签章	经办人：张　敏 2019 年 06 月 11 日		
购货单位	全　称	杭州新新防盗设备有限公司				
	税务登记号	33000101267860421				

凭证12-6 $\frac{2}{3}$

浙江省增值税专用发票

№ 01050642

销项负数

记　账　联

开票日期: 2019年06月11日

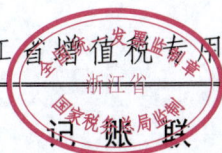

购货单位	名　　称:	杭州新新防盗设备有限公司				密码区	(略)
	纳税人识别号:	33000101267860421					
	地址、电话:	滨江市惠民路45号					
	开户行及账号:	滨江惠民路支行　56034612145					

货物或应税劳务名称	规格型号	单位	数量	单价	金额	税率	税额
喷淋设备	EK-03	台	1	−1250.00	−1250.00	16%	−200.00

价税合计（大写）	⊗（负数）壹仟肆佰伍拾元整	¥−1450.00

销货单位	名　　称:	浙江紫光喷涂设备有限责任公司		备注	
	纳税人识别号:	330166540057666			
	地址、电话:	浙江省杭州市滨文路1202号　0571-80118666			
	开户行及账号:	中国工商银行杭州钱江支行　1202023419100002998			

收款人:　　　复核:　　　开票人: 张　欣　　　销货单位: （发票专用章）

凭证12-6 $\frac{3}{3}$

中国工商银行　进账单3

2019 年 06 月 11 日（收账通知）

出票人	全称	杭州新新防盗设备有限公司										
	账号	56034612145										
	开户银行	滨江惠民路支行										
金额	人民币（小写）	亿	千	百	十	万	千	百	十	元	角	分
				¥	1	3	4	9	9	5	0	0
收款人	全称	浙江紫光喷涂设备有限责任公司										
	账号	1202023419100002998										
	开户银行	中国工商银行杭州钱江支行										
票据种类	转账				票据张数	1						
票据号码	81115677											

凭证12-7$\frac{1}{2}$

浙江省增值税专用发票

No 01050643

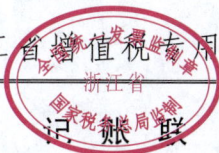

开票日期: 2019年06月15日

<table>
<tr><td rowspan="4">购货单位</td><td>名　　　称：</td><td colspan="4">深圳来宝柜业有限公司</td><td rowspan="4">密码区</td><td rowspan="4">（略）</td></tr>
<tr><td>纳税人识别号：</td><td colspan="4">430101167860331</td></tr>
<tr><td>地址、电话：</td><td colspan="4">深圳市罗湖区人民北路3068号　0755-82223555</td></tr>
<tr><td>开户行及账号：</td><td colspan="4">工行深圳分行人民路支行　060005300908801215</td></tr>
<tr><td>货物或应税劳务名称</td><td>规格型号</td><td>单位</td><td>数量</td><td>单价</td><td>金额</td><td>税率</td><td>税额</td></tr>
<tr><td>烘干设备</td><td>HK-01</td><td>台</td><td>5</td><td>20000.00</td><td>100000.00</td><td>16%</td><td>16000.00</td></tr>
<tr><td>价税合计（大写）</td><td colspan="6">壹拾壹万陆仟元整</td><td>￥116000.00</td></tr>
<tr><td rowspan="4">销货单位</td><td>名　　　称：</td><td colspan="4">浙江紫光喷涂设备有限责任公司</td><td rowspan="4">备注</td><td rowspan="4"></td></tr>
<tr><td>纳税人识别号：</td><td colspan="4">330166540057666</td></tr>
<tr><td>地址、电话：</td><td colspan="4">浙江省杭州市滨文路1202号　0571-80118666</td></tr>
<tr><td>开户行及账号：</td><td colspan="4">中国工商银行杭州钱江支行　1202023419100002998</td></tr>
</table>

收款人：　　　　　复核：　　　　　开票人：张　欣　　　　　销货单位：（发票专用章）

第一联　记账联　销货方记账凭证

凭证12-7$\frac{2}{2}$

银行承兑汇票（存根联）

出票日期　　年　月　日
（大写）

00342319

<table>
<tr><td>出票人全称</td><td></td><td rowspan="3">收款人</td><td>全称</td><td></td></tr>
<tr><td>出票人账号</td><td></td><td>账号</td><td></td></tr>
<tr><td>付款行全称</td><td></td><td>开户银行</td><td></td></tr>
<tr><td>出票金额</td><td colspan="2">人民币
（大写）</td><td colspan="2">千　百　十　万　千　百　十　元　角　分</td></tr>
<tr><td>汇票到期日
（大写）</td><td colspan="2">年　　月　　日</td><td>付款行</td><td>行号　　167
地址</td></tr>
<tr><td>承兑协议编号</td><td colspan="4">C200981</td></tr>
<tr><td colspan="2">本汇票请你行承兑，到期无条件付款。

出票人签章　丁善善</td><td colspan="3">本汇票已经承兑，到期日由
本行付款。

承兑行签章　刘　云
　　　　　　　　　年　月　日　　复核　　记账</td></tr>
</table>

此联收款人开户行向承兑行收取票款时作联行往来付出传票

凭证12-8

费 用 报 销 单

报销日期：2019 年 06 月 16 日　　　　　　　　　附件　5　张

费用项目	类别	金额（元）	负责人（签章）	吴宝亮
业务招待费	餐费	2 500.00	审查意见	同意
			报销人（签章）	鲁舸
报销金额合计		￥2 500.00	现金付讫	
核实金额（大写）　　×万贰仟伍佰零拾零元零角零分				￥2 500.00

审核：刘毁　　　　　　　　出纳：李 研

凭证12-9

浙 江 省 滨 江 市 服 务 业 统 一 发 票

记 账 联

发票代码：233000970813

开票日期：2019 年 06 月 17 日　　　　　　　　　发票号码：23908780

付款户名	浙江紫光喷涂设备有限责任公司			付款方式	转账支票							
服务项目及摘要	单位	数量	单价	金额（元）								
				十	万	千	百	十	元	角	分	
产品包装设计费					8	0	0	0	0	0	0	
合计金额	（大写）人民币捌仟元整					￥	8	0	0	0	0	0
开票单位	杭州百高广告公司（盖章有效）			备注								

开票人：葛 良　　　　　　　　　　　　收款人：王 倩

凭证12-10$\frac{1}{2}$

浙江省宁波市国家税务局
企业进货退出及索取折让证明单

金额单位：元

销货单位	全 称	浙江紫光喷涂设备有限责任公司			
	税务登记号	330166540057666			

进货退出	货物名称	单 价	数 量	货 款	税 额
	EK-03喷淋设备	120000.00	1套	120000.00	19200.00

索取折让	货物名称	货 款	税 额	要 求	
				折让金额	折让税额

退货或索取折让理由	系发货错误 经办人：李容华 单位盖章 2019年06月18日		税务征收机关签章	经办人：吴容国 2019年06月18日	

购货单位	全 称	宁波正大厨房设备公司			
	税务登记号	430101167860331			

凭证12-10$\frac{2}{2}$

浙江省增值税专用发票
记 账 联

№ 01050644

销项负数

开票日期：2019年06月18日

购货单位	名 称：宁波正大厨房设备公司
	纳税人识别号：430101167860331
	地址、电话：宁波市北仑小港街道145号 28320030
	开户行及账号：工行鼓楼支行 1301000111200100180

密码区 （略）

货物或应税劳务名称	规格型号	单位	数量	单价	金额	税率	税额
静电喷涂设备	AK-15	套	-1	120000.00	-120000.00	16%	-19200.00

价税合计（大写）	⊗（负数）壹拾叁万玖仟贰佰元整	￥-139200.00

销货单位	名 称：浙江紫光喷涂设备有限责任公司
	纳税人识别号：330166540057666
	地址、电话：浙江省杭州市滨文路1202号 0571-80118666
	开户行及账号：中国工商银行杭州钱江支行 1202023419100002998

备注

收款人：张萍	复核：	开票人：张欣	销货单位：（章）

第一联 记账联 销货方记账凭证

231

凭证12-11

产　品　入　库　单

供货单位：宁波正大厨房设备公司　　　　　　　　　　　凭证编号：312
发票编号：01050644　　　　2019 年 06 月 20 日　　　收料仓库：3 号仓库

| 编号 | 名称 | 规格 | 单位 | 数量 | | 实际成本 | | | |
				应收	实收	单价（元）	金额（元）	运费	合计（元）
1001	静电喷涂设备	AK-15	套	1	1	120 000.00	120 000.00		120 000.00
备注：系发货错误									

主管：余伟林　　　记账：张　欣　　　仓库保管：丁　一　　　经办人：

凭证12-12 $\frac{1}{4}$

代销清单

2019 年 06 月　　　　　　　　　　　　　　金额单位：元

产品名称	规格型号	单位	数量	单价	总价
喷淋设备	EK-03	台	30	20 000.00	600 000.00
烘干设备	HK-01	台	10	15 000.00	150 000.00
合计					750 000.00

审批：文海洋　　　　　　　　　　　　　制单：沈　佳

凭证12-12 $\frac{2}{4}$

浙江省增值税专用发票　　No 01050645

记　账　联

开票日期: 2019年06月30日

购货单位	名　称：美华机电城有限责任公司 纳税人识别号：330001229935670 地　址、电话：滨江南京路22号 88380129 开户行及账号：工行南京路支行 43012752242					密码区	（略）		
货物或应税劳务名称	规格型号	单位	数量	单价	金额		税率	税额	
喷淋设备	EK-03	台	30	20000.00	600000.00		16%	96000.00	
烘干设备	HK-01	台	10	15000.00	150000.00		16%	24000.00	
价税合计（大写）	捌拾柒万元整				¥870000.00				
销货单位	名　称：浙江紫光喷涂设备有限责任公司 纳税人识别号：330166540057666 地　址、电话：浙江省杭州市滨文路1202号 0571-80118666 开户行及账号：中国工商银行杭州钱江支行 1202023419100002998					备注			

收款人：　　　　复核：　　　　开票人：张　欣　　　销货单位：（发票专用章）

凭证12-12$\frac{3}{4}$

中国工商银行　进账单3

2019 年 06月 30 日（收账通知）

出票人	全称	美华机电城有限责任公司										
	账号	43012752242										
	开户银行	工行南京路支行										
金额	人民币（小写）	亿	千	百	十	万	千	百	十	元	角	分
					¥	6	0	0	0	0	0	0
收款人	全称	浙江紫光喷涂设备有限责任公司										
	账号	1202023419100002998										
	开户银行	中国工商银行杭州钱江支行										
票据种类		转账			票据张数				1			
票据号码		81117959										

（印章：中国工商银行杭州钱江支行 2019.06.30 转讫）

凭证12-12$\frac{4}{4}$

代销产品成本结转表

2019 年 06 月 30 日　　　　　　　　　　　金额单位：元

产品名称	规格型号	单位	数量	单价	总价
喷淋设备	EK-03	台	30	20 000.00	600 000.00
烘干设备	HK-01	台	10	15 000.00	150 000.00
合计					750 000.00

会计：张 欣　　　　　　复核：刘 弢　　　　　　制单：张 欣

项目十三 | 利润核算实训资料

凭证13-1

应交所得税计算表

2019 年 12 月 31 日

项 目	金 额（元）
1 ～ 12 月利润总额	
1 ～ 12 月预提所得税	
纳税调整项目	调增项目：
	调减项目：
全年应纳税所得额	
全年应交所得税	
应补提或冲回的所得税	

会计：　张　欣　　　　　复核：　刘　彧　　　　　制单：　张　欣

凭证13-2

损益类账户发生额计算表

2019 年 12 月 31 日

科 目	借方发生额（元）	贷方发生额（元）
主营业务收入		
其他业务收入		
公允价值变动损益		
投资收益		
营业外收入		
主营业务成本		
其他业务成本		
税金及附加		
销售费用		
管理费用		
财务费用		
资产减值损失		
营业外支出		
所得税费用		

会计：张 欣　　　　复核：刘 弢　　　　制单：张 欣

凭证13-3$\frac{1}{2}$

盈余公积计算表

2019 年 12 月 31 日

项 目	金 额（元）
2019 年净利润	
弥补以前年度亏损	
提取法定盈余公积	
提取任意盈余公积	

会计：张 欣　　　　复核：刘 弢　　　　制单：张 欣

凭证13-3$\frac{2}{2}$

利润分配结转表

2019 年 12 月 31 日

项　目	金　额（元）
利润分配——提取法定盈余公积	
利润分配——提取任意盈余公积	

会计：张　欣　　　　　　复核：刘　弢　　　　　　制单：张　欣

凭证13-4

浙江紫光喷涂设备有限责任公司2019年度股东会决议

一、会议召开和出席情况

……

二、提案审议情况

1.……

　　……

4. 审议通过了《2019 年度利润分配方案》

　　2019 年共实现净利润 _____ 万元，弥补以前年度亏损 _____ ，根据公司章程，按弥补亏损后的净利润的 10% 计提法定盈余公积金，5% 计提任意盈余公积；按弥补亏损后净利润的 60% 分配利润。

　　……

股东（授权代表）签章（略）

2020 年 3 月 9 日

参考文献

［1］陈强. 财务会计实务（第2版）. 北京：高等教育出版社，2014.

［2］陈强. 财务会计全真实训（第2版）. 北京：清华大学出版社，2014.

［3］财政部会计资格评价中心. 初级会计实务. 北京：中国财政经济出版社，2015.

［4］财考网.

［5］东奥会计在线.